LA

# COMMUNE

DEVANT L'HISTOIRE

LA

# COMMUNE

DEVANT L'HISTOIRE

## LES PILLARDS DE NEUILLY

PARIS
E. LACHAUD, ÉDITEUR
4, PLACE DU THÉATRE FRANÇAIS, 4

—

1872

# PRÉFACE

Paris venait de donner au monde un magnifique spectacle et un grand exemple par la pratique austère de toutes les vertus civiques ; Paris avait héroïquement lutté jusqu'à l'heure suprême ; il avait supporté stoïquement pendant cinq mois les horribles souffrances d'un long et terrible siége, d'un siége unique dans les annales des peuples. L'élan de la grande capitale avait été admirable, et les actes de patriotisme et d'humanité qui se produisirent alors sous tant de formes, à tous les degrés de l'échelle sociale, prendront rang parmi les vertus publiques que chaque nation civilisée doit aimer, respecter, honorer.

Après la plus glorieuse résistance, obligée par la famine de se rendre, la Noble Ville, encore toute meurtrie et saignante, devint, hélas ! sous les yeux d'un ennemi vainqueur, la proie d'une tourbe d'infâmes révolutionnaires qui déjà, en octobre 1870 et janvier 1871, avaient, par leurs tentatives criminelles, préludé aux sinistres

*

et criminels événements qui, le 18 mars, ensanglantèrent, à Montmartre, la trop fatale rue des Rosiers.

**Les insurgés étaient maîtres de Paris.**

Et quels insurgés!... — Avec autant d'autorité que d'élévation, la parole émue de *M. le duc de Noailles*, dans le remarquable discours prononcé à la distribution solennelle des prix de vertu, à l'Institut, nous les a fait connaître, en marquant en traits indélébiles leurs funestes personnalités.

« Et quels insurgés! écrit l'éminent directeur de « l'Académie française. — Dans quel but se levaient-« ils?... Pour détruire toute société, pour anéantir « Dieu, la famille, la propriété; il n'y a pas à s'y mé-« prendre : ils ont commencé à le faire, et, en le fai-« sant, ils l'ont dit... »

L'éloquent orateur, qui a si noblement célébré les héroïsmes et les dévouements de toute sorte qui ont surgi dans nos récents malheurs, n'avait, pour parfaire le portrait de ces hommes, qu'à ajouter deux mots :

**Voleurs, pillards!**

Le procès qui, pendant douze journées consécutives, s'est déroulé en mai 1872 devant le 13e conseil de guerre séant à Saint-Cloud, a un cachet typique. Ce procès, que l'histoire devait enregistrer pour servir à l'édification des races futures; ce procès, qu'une plume autorisée, loyale, ferme, a recueilli avec une impartialité scrupuleuse; ce procès, vraie photographie des débats du pillage de Neuilly, prouve jusqu'à l'évidence que les soi-disants hommes de la Commune n'étaient nullement des hommes politiques.

Ramassis d'étrangers véreux, de déclassés impuissants, d'ambitieux ineptes, de scélérats échappés des prisons, à quelques rares exceptions, tous ces gens tarés étaient des hommes sans cœur, sans principes, sans conviction, sans foi ni loi, n'ayant aucune marque, si ce n'est celle du bagne. Ils voulaient le mal pour le mal, et ils ont commencé par le vol et le pillage, pour finir par l'incendie et l'assassinat.

Dieu nous garde de confondre avec ces malfaiteurs les hommes égarés et malheureux qui, hélas ! ont fait, par faiblesse ou par ignorance, les gros bataillons de l'armée insurrectionnelle ; ceux-là sont à plaindre. La société leur doit deux choses : Pitié et Pardon. Ne leur doit-elle pas aussi l'instruction ?

Dans sa mémorable lettre aux Allemands, *Victor Hugo* leur disait, le 9 septembre 1870 :

« Vous oseriez anéantir Paris, la cité organique ; vous « recommenceriez Attila et Alaric ; vous renouvelleriez, « après Omar, l'incendie de la bibliothèque humaine ; « vous raseriez l'Hôtel de Ville comme les Huns ont « rasé le Capitole ; vous bombarderiez Notre-Dame « comme les Turcs ont bombardé le Parthénon ; vous « donneriez au monde ce spectacle : les Allemands « redevenus les Vandales ; et vous seriez la barbarie « décapitant la civilisation !... »

Ce que n'avaient pu faire les Germains commandés par Bismark et Guillaume, des Français l'ont tenté, des Français ont accompli ces forfaits sans nom.

Et, aussi lâches que féroces, les chefs de cette lamentable insurrection n'ont eu qu'un seul souci : mettre à l'abri, par une fuite honteuse, leur grotesque personne ; abandonnant à leur malheureux sort les pauvres égarés qui avaient ajouté foi à leur parole et à leurs promesses. Ils sont connus et jugés aujourd'hui, ces héros sanguinaires. Percés à jour par les verdicts vengeurs de l'opinion publique, ces faux républicains ne peuvent et ne doivent plus avoir aucun prestige. — Le jugement rendu le 23 mai 1872 par le 13ᵐᵉ conseil de guerre jette à tout jamais par terre et dans la boue le piédestal élevé par les niais et les complices à ces individualités étranges nées du hasard, qu'un hasard incompréhensible, dans un moment d'affolement général, avait poussés sur la scène politique.

L'œuvre qui, consciencieusement, impartialement, nous fait connaître les pillards de Neuilly en nous initiant aux vols sans nombre et de toute nature que commettaient impunément, sur une vaste échelle, les états-majors généraux de la rue Peyronnet, de la place Vendôme et de la Préfecture de police, est une œuvre utile, méritoire. Ce livre, inspiré par une juste pensée d'indignation, écrit avec mesure et loyauté, avait plus que sa raison d'être, il était nécessaire.

*La Commune devant l'Histoire,* dans le présent éclairera les âmes égarées, fortifiera les faibles, encouragera les dévouements ; et dans l'avenir, elle servira d'étude et de leçon aux générations futures. — Aujourd'hui et demain elle doit rester gravée, comme un terrible enseignement, dans les souvenirs des peuples civilisés.

T. S. F.

# LA
# COMMUNE
## DEVANT L'HISTOIRE

### NEUILLY. — NOTICE HISTORIQUE.

Neuilly est situé entre la Seine et les fortifications de Paris ; borné d'un côté par l'enceinte à la porte Maillot, et de l'autre, par le grand pont monumental, construit sous Louis XV, qui le sépare de Courbevoie. A gauche de la ville, en descendant de Paris, est le bois de Boulogne, à droite la commune de Levallois.

Neuilly s'étend ainsi en carré long, au milieu de fort beaux jardins, de grandes avenues, de rues régulières et surtout d'un parc magnifique coupé par de larges voies bordées de maisons de campagnes et de villas élégantes, et qui a été jadis le parc du feu roi Louis-Philippe.

C'est à ce roi que Neuilly doit sa prospérité ; il y avait son château, et il employa son influence et sa bourse à ses accroissements successifs.

Le 22 janvier 1852, un décret du prince-président de la République déclara de bonne prise une grande partie des biens de la famille d'Orléans, et le parc de Neuilly, traité en propriété nationale, fut dépecé, taillé en morceaux, vendu aux enchères, dessiné à nouveau par un ingénieur parisien, et transformé en une seconde ville qui fut annexée à la première.

Cette partie de Neuilly en est la plus pittoresque, la plus agréable et aussi la plus richement habitée.

C'est là surtout que réside la population flottante : artistes, banquiers, employés, gros négociants, etc..... — C'est dans ce parc qu'ont été tracés les boulevards et les rues dont il va être question dans ce procès : les boulevards Bineau, du Château, d'Inkermann, etc..... ; les rues Borghèse, de Chizy, Péronnet, etc.....

L'ancien Neuilly s'étend à partir de la rue d'Orléans, où finissait autrefois la commune de Sablonville, jusqu'à la Seine, à gauche du parc.

La ville est, de ce côté, coupée en deux par la grande avenue qui se dirige de la Porte-Maillot au rond-point de Courbevoie.

C'est la partie de cette avenue, comprise entre le nº 33 et le nº 95, qui fut particulièrement exploitée par les 117e et 257e bataillons fédérés.

Ainsi qu'on peut le voir par cette rapide description, Neuilly est un des pays suburbains de Paris les plus agréables à habiter, aussi bien à cause du bon air qu'on y respire, que de sa proximité de la Seine, du grand parc, du bois de Boulogne et de Paris lui-même.

Une singulière fatalité semble peser sur cette ville. Epargnée par l'invasion, elle n'a eu à souffrir que des déprédations commises par des Français.

Ce furent d'abord les mobiles et quelques bataillons de garde nationale qui, au lendemain de Buzenval (19 janvier), lui firent subir les premières épreuves. Mais, heureusement pour elle, le général Ducrot établit son quartier-général à l'entrée même de la ville, chez le restaurateur Gillet.

Aussi énergique que vaillant, il sévit contre les maraudeurs.

Il fit faire de nombreuses patrouilles militaires nuit et jour, et contraignit les habitants à faire eux-mêmes la police dans leurs quartiers.

Aussi, de tous les environs de Paris, Neuilly fut le seul complétement épargné.

Pauvre ville infortunée ! elle ne put échapper longtemps à la dévastation !

La Commune arriva, et bientôt Saint-Cloud, ce triste spécimen de nos désastres dont les Prussiens ont fait une vaste nécropole, n'eut plus rien à lui envier.

(*Renseignements puisés dans une lettre signée Georges d'Haylly, adressée au* Salut Public *de Lyon*).

---

## Le Conseil de guerre de Saint-Cloud (17 mai).

Le Conseil de guerre de Saint-Cloud se tient dans le local qui servait jadis de mess aux officiers de la garde.

Le bâtiment est situé dans le parc, perdu au milieu des arbres séculaires qui l'environnent. Extérieurement, il a la même structure que le Diorama des Champs-Elysées; à l'intérieur, on se croirait bien plutôt dans un cirque que dans une salle à manger. Elle est ronde, vaste et très-détériorée.

Au-dessus de l'estrade large et élevée où siége le Conseil, un crucifix entouré de tableaux provenant du pillage; devant, sur une immense table, on voit des tas de sacs remplis de linge, des caisses contenant des bijoux, des réchauds en argent, des lampes dorées, des flambeaux, des pendules et des livres. Ce sont les objets pillés à Neuilly et saisis à Paris chez les accusés, et qui n'ont pas encore été réclamés.

A gauche du Conseil, siége M. le commandant de Garros, qui occupe le siége du ministère public; il a à côté de lui les deux substituts, le greffier et le capitaine-rapporteur.

A droite, sur six bancs disposés en estrade, sont les accusés au nombre de trente et un. Leur tenue est des plus convenables, leur mise est aussi élégante que recherchée;

je n'en remarque qu'un seul en blouse, et un second en soldat de l'infanterie de marine; les autres ont tous des redingotes ou des paletots noirs et du linge très-blanc. Au dernier banc, trois femmes; leur toilette est presque recherchée. L'une d'elles est toute jeune et réellement belle ; elle porte un chapeau amazone : on la dit la plus compromise, puisqu'elle doit même répondre d'avoir fait le coup de feu sur les barricades.

Autour des accusés, des gendarmes et des soldats.

Les avocats, présents à la barre, sont au nombre de dix-huit, parmi lesquels deux jeunes lieutenants.

Le poste de la salle est très-nombreux ; c'est un officier qui le commande.

Dans l'auditoire, il y a affluence. Beaucoup de dames, beaucoup d'officiers et beaucoup de citoyens de Paris et de Neuilly; ces derniers sont remarquables à leur tristesse.

(*National* du 17 mai.)

**Composition du Conseil :**

Président. — Colonel **Bartel**, du 72e de ligne;
Juges. — Commandant **Bourrée**, du 115e de ligne;
— — Capitaine **Villars**, du 115e de ligne;
— — Capitaine **de Sommer**, du 125e de ligne;
— — Lieutenant **Lochon**, du 117e de ligne;
— — Sous-lieutenant **Miquel**, du 117e de ligne ;
— — Sergent-major **Rouzoumet**, du 125e de ligne.
Ministère public, —
Commissaire du Gouvernement. — Commandant **de Garros**, du 82e de ligne;
Substitut. — Capitaine **de Gavaret**, du 20e de ligne;
Rapporteur. — Capitaine **de Boubée**, du 48e de ligne.
Greffier. — Officier d'administration de 1re classe **Henry**;
Huissier. — Sergent **Blondel**, du 42e de ligne.

---

**Accusés :**

L'instruction comprenait quarante-neuf accusés. Il y a eu sept ordonnances de non-lieu, un décès; dix sont contumaces ; les trente et un présents sont :

Pierre-Ernest **Duprat**, employé au chemin de fer de l'Ouest, commandant du 257e bataillon fédéré;

Alphonse-François-Clément **Biorret**, employé de commerce, sergent-major au même bataillon;

Paul-François **Barré**, tailleur, sous-aide-major, même bataillon.

Alexis-Eusèbe **Roger**, mécanicien-dentiste, sous-aide-major, même bataillon.

Denis-Jules **Monneau**, serrurier, capitaine, même bataillon.

Victor-François **Bazile**, employé de commerce, capitaine, même bataillon,

Joseph-Benjamin **Moulins**, sous-lieutenant-trésorier au même bataillon.

Athanase-Jules **Boucher**, marin de 1re classe, sergent, même bataillon.

Jules **Chabry**, caissier, sergent-fourrier.

Joseph-Adolphe **Orsi**, chaudronnier, adjudant.

Edmond-François-Joseph **Lieutaud**, employé de commerde, sergent-major.

Pascal-Marais **Gamel**, chapelier, sergent.

Jean-Baptiste-Marie **Desdouets**, jardinier, sous-lieutenant.

Jules-Louis **Defaux**, gantier, sergent-fourrier.

Jean-Marie **Biorret**, dit **Henry**, employé de commerce, garde.

Louis **Malcher**, fabricant de bijoux de deuil, adjudant-major au 117e bataillon.

Ernest-Eugène **Besson**, bourrelier, garde au 257e bataillon.

Jacques **Leccardy**, maçon, garde, même bataillon.

Charles **Lavigne**, gantier, garde, même bataillon.

Prosper-Charles **Migeon**, couvreur, garde, même bataillon.

Paul-Léon **Perrin**, tapissier, garde, même bataillon.

Jules-Louis **Réné**, maçon, garde, même bataillon.

Joseph-Edmond **Rodolphe**, maçon, garde, même bataillon.

Edouard-Michel **Hue**, employé aux magasins du Louvre, garde, même bataillon.

Jean-Pierre **Vernot**, cocher, garde au 154e bataillon.

Elise **Corbet**, couturière.
Joseph-Marie **Poujet**, journalier, garde au 257e bataillon.
Fille Henriette-Marie **Dellières**, couturière.
César-Auguste **Mongés**, professeur d'équitation, capitaine adjudant-major au 117e bataillon.
Jean-Emile **Lorrain**, maçon, garde, même bataillon.
Aimée **Saingier**, femme **Duprat**, couturière,

Sont en fuite et seront jugés par contumace :

Jules-Michel **Entremonts**, garde au 257e bataillon.
Mathias **Rodolphe**, garde, même bataillon.
Fille Augustine **Ballot**, lingère.
Louis-Alphonse **Cornet**, caporal.
Une fille, dite femme Octavie **Cornet**, couturière.
**Dalivillier**, lieutenant au 257e bataillon.
**Lemoyne**, garde, même bataillon.
Edouard **Weill**, dit le **Cuirassier**, sous-lieutenant.
Ernest-Armand **Mauduit**, commandant du 117e bataillon.
Sylvain **Bernard**, capitaine, même bataillon.
**Deleure**, capitaine, même bataillon.

**Banc de la défense :**

MMes Demange, Boquillon, Charles Lachaud, Dommerc, Noblet, Niobey, Legrand, Worms, Salzédo, Laviolette, T. Saint-Félix, Gallet de Saint-Sauveur, Cabot, Lefèvre Duruflé, Capillery, MM. les lieutenants Leblanc, du 37e régiment et Garrig, du 117e régiment.

## Résumé de l'acte d'accusation.

Le 257e bataillon fédéré a eu pour le commander les nommés Mougin, Gérardin et Duprat.

Au début de l'insurrection, il était mal organisé ; aussi son service n'a-t-il commencé que le 10 avril ; à cette date, il va à l'Arc-de-Triomphe et occupe le quartier jusqu'à la barrière de l'Etoile. Le 17 avril, il est conduit à Levallois-Perret, et ses compagnies devaient être échelonnées; car, suivant les accusés, les uns, dans cette circonstance, se sont trouvés à Levallois, d'autres à Clichy, d'autres encore à Asnières.

Le 10 mai, le commandant Duprat, nommé de la veille, le conduit à Neuilly, où il reste jusqu'au jeudi 21 mai au soir. Les sous-officiers et gardes de ce bataillon, en ce moment traduits devant le conseil de guerre, sont unanimes à reconnaître que le commandant les a trompés et les a conduits à Neuilly par surprise ; les officiers sont plus circonspects à cet égard.

Le bataillon releva le 117e, dans la rue Péronnet, le remplaça dans ses postes et fut préposé à la garde de la barricade d'Inkermann. Il a trouvé cette localité dans une triste situation; un grand nombre de maisons étaient abandonnées, et ses devanciers, imitant l'exemple du groupe qui s'intitulait « Etat-major général, » en avaient commencé le pillage. Le commandant Duprat, son médecin-major Ysquierdo, depuis fusillé, les deux aides-majors, les capitaines et autres officiers ont continué sur une vaste échelle ; les sous-officiers et gardes, voyant ce qui se passait, ont imité leurs chefs.

Le médecin-major disposait d'un omnibus d'ambulance et d'une voiture particulière, qui ont servi à enlever le produit des rapines des officiers. Les sous-officiers et gardes qui ne disposaient point de moyens de transport, ont fait arriver chez eux, comme ils l'ont pu, ce qu'ils avaient soustrait ; le 21 mai, ils se sont mis en route pour Paris, en emportant des sacs bondés d'effets.

Les festins sont venus s'ajouter à ces scènes, et pour que rien ne manque au tableau, le commandant Duprat a fait venir sa femme, qu'il a grandement compromise; d'autres officiers et gardes ont fait venir leurs concubines; d'autres enfin, pour échapper aux poursuites de la justice, ont déposé entre les mains de leurs femmes les objets qu'ils s'étaient appropriés, et les ont ainsi rendues complices de leurs crimes.

Ce résumé, faisant ressortir la connexité des faits reprochés aux accusés, malgré les ordres individuels d'informer en vertu de l'article 227 du Code d'instruction criminelle, nous réunissons toutes ces affaires en une seule.

D'après l'accusation, voici quel était le système employé par les accusés : ils s'introduisaient dans les jardins des maisons, puis escaladaient les portes et les fenêtres et, une fois introduits, ils choisissaient les objets à leur convenance, pendules, tableaux, linge, meubles, argenterie, les faisaient transporter à Paris pour en faire bénéficier leurs concubines ou amis. Souvent, lorsque le butin trouvé dans une maison était beau, on faisait des lots qu'on se partageait. De l'aveu de tous, cependant, c'est le docteur Ysquierdo qui a eu toutes les parts du lion. Aussi, son appartement, actuellement sous scellés, regorge d'effets de toute nature. Il est bien entendu aussi que, lorsque les fédérés rencontraient dans une maison de la résistance, ils procédaient à l'arrestation des habitants. Cela a été le sort d'un négociant nommé Masson.

Souvent même, lorsqu'un chef de poste un peu consciencieux empêchait la sortie de ces butins, les officiers, Duprat en tête, le faisaient bien vite relever, car ils se trouvaient incommodés.

Viennent ensuite les chefs d'accusation relevés à la charge de chaque accusé; il serait superflu de les énumérer ici, le réquisitoire de M. le commissaire du gouvernement les exposant clairement et complétement.

Nous nous bornons à reproduire ceux relevés à la charge des contumax.

**Entremonts**, garde au 257e bataillon (contumax), est allé à Neuilly avec son bataillon; a remis un carnet au nommé Desdouets; a tiré au sort à Neuilly avec plusieurs gardes, dont Rodolphe (Joseph), un lorgnon qui est échu à ce dernier ; a remis des poupées à Migeon.

(33) **Rodolphe** (Mathias), garde au 257e bataillon (contumax). Il est âgé de trente-quatre ans, exerce le métier de maçon, est fils de Rodolphe (Louis) et de Marguerite Biver ; son dernier domicile connu se trouvait Chemin-des-Bœufs, 48, à Batignolles. Il vit depuis déjà longtemps avec une fille nommée Ballot (Augustine).

A suivi son bataillon à Neuilly. Il est dénoncé par Chabry comme ayant pris part au pillage. Un jour, il a confié un châle au nommé Lorrain, pour qu'il le lui porte à Paris. Après l'entrée des troupes dans Paris, craignant d'être inquiété, il a, avec sa maîtresse, brûlé dans son logement une certaine quantité d'objets.

(34) Fille **Ballot** Augustine, (contumax), maîtresse de Rodolphe Mathias, vit avec lui depuis quinze ans environ ; son dernier logement connu est Chemin-des-Bœufs, 48, à Batignolles ; est allé à Neuilly pendant que le 257e bataillon s'y trouvait. Les nommés Boucher et Chabry l'accusent d'avoir pris part au pillage. Rodolphe père la soupçonne d'avoir rapporté des objets en les cachant sous ses vêtements. La femme Mignard, rue Thérèse-Lagrange, n° 48, a déclaré qu'un jour qu'elles causaient ensemble des recherches de la justice, elle lui a dit : « Nous avons brûlé bien des choses car nous ne voulons plus entendre parler de cela. »

(35) **Cornet**, caporal au 257e bataillon (contumax). — A habité rue Legendre, chez un sieur Michel, et rue de l'Ecluse, près du boulevard des Batignolles ; est allé à Neuilly avec son bataillon ; a enlevé de chez Chabry un ballot d'objets volés, qui avait été apporté de Neuilly pour lui et qui renfermait du linge, des tableaux, un plateau et des chandeliers. Le nommé Michel, rue des Dames, 37, dit que Cornet avait plusieurs maîtresses, qu'il avait déposé une chandelle chez lui et qu'il est venu la reprendre avec une femme qu'il ne connaît point.

(36) Une fille dite femme **Cornet**, Octavie (contumax), fréquentait le nommé Cornet, caporal au 257e bataillon ; elle a engagé au mont-de-piété un plateau algérien appartenant à M. Razy.

(37) **Dalivillier**, lieutenant au 257e bataillon (coutumax), est cuisinier de son état; son dernier domicile connu est situé rue Legendre, en face le lavoir, dans une maison à cinq étages. A suivi son bataillon à Neuilly et y a fait le service. Desdouets l'accuse d'avoir pris un éventail; Bioret, d'avoir volé une montre à Mme Ferrand et d'avoir pris sa part dans un partage qu'ils ont fait entre cinq. Monneau et Chabry constatent également ce partage. Le sergent Boucher, s'étant opposé à l'enlèvement des divers colis, Dalivillier l'a fait relever de son poste et a changé la consigne.

(38) **Lemoine**, garde au 257e bataillon (contumax). — Son dernier domicile était rue Saussure, 35, aux Batignolles; il est allé à Neuilly avec son bataillon. Le sieur Perillat, employé de commerce, demeurant rue des Petites-Ecuries, nº 39, déclare que Lemoine a emporté deux pendules de Neuilly à Paris. Le sieur Grez, pharmacien à Neuilly, dont la maison a été pillée, a reçu de Lemoine des papiers sans valeur qui lui avaient été soustraits. Cet acte fit supposer que Lemoine a pu assister à l'une des perquisitions faites chez ce Monsieur.

(39) **Weil**, Edouard, dit le Cuirassier, sous-lieutenant au 257e bataillon (contumax).— Agé de vingt-cinq ans, né à Paris, employé de commerce; dernier domicile, rue de Charonne, nº 143; est allé à Neuilly avec son bataillon. Il est, en outre, accusé par Moulin de lui avoir remis les objets que ce dernier a donnés à la fille Dellière, et d'avoir distribué des monnaies antiques à tous les officiers. Duprat reconnaît en avoir reçu de lui; il fixe même le nombre cinq.

Weil a été interrogé le 4 septembre; il a déclaré avoir reçu de Lecardy un coupon de soie blanche, et il le remet entre les mains de M. le commissaire de police.

Gamel l'accuse de lui avoir remis à Neuilly le pistolet de M. Razy.

(40) **Mauduit**, Ernest-Armand, commandant du 117e bataillon (contumax), est né à Bruxelles le 1er juillet 1833, canton de Nogent-le-Rotrou; son dernier domicile était avenue de Clichy, 13. Il est allé à Neuilly avec son bataillon. Accusé de vol d'un cachemire par le domestique de M. Raga. Des objets venant de Neuilly ont été retrouvés à son logement. A menacé le nommé Blanchet de le faire

fusiller; a envahi avec trois autres, et en armes, la maison n° 5, impasse Pérard, à Neuilly; du seuil de cette maison, a tiré un coup de fusil sur le domestique du sieur Crémieux qu'il n'a heureusement pas touché.

(41) **Bernard**, Sylvain, capitaine au 117e bataillon (contumax). — Comptable, demeurant à Paris, en dernier lieu, rue des Petits-Hôtels, 34, âgé de trente-sept ans. Le 6 mai 1871, se trouvait aux avant-postes, à Neuilly; accusé du vol d'un cachemire par le domestique de M. Raga; a fait enlever le vin de la cave de ce Monsieur. Etant en armes, a envahi avec trois autres individus, dont Mauduit, la maison n° 5, de l'impasse Pérard.

(42) **Delmer**, capitaine au 35e bataillon (contumax).— Dernier domicile connu, rue du Pont, 17, à Neuilly. A reçu une balle dans le genou; sa blessure était très-grave: le 12 mai, s'est mis à la tête d'un groupe d'insurgés appartenant au 117e bataillon, et a fait envahir la pharmacie de M. Grez, avenue de Neuilly, 90. C'est, en outre, lui qui a donné l'ordre de faire marcher les jeunes gens de Neuilly, en état de porter les armes. Il a pris de force à Mme Chambost les clefs de la porte cochère de sa maison et a ensuite refusé de les restituer.

Nous demandons la mise en jugement des quarante-deux accusés dont les noms précèdent, pour qu'il soit fait à chacun d'entre eux, suivant le cas, application des articles 87, 88, 91, 96, 97, 440, 441, 59, 60, 61, 62, 66 et 67 du Code pénal, 5, 7 et 8 de la loi du 24 mai 1834.

(43) **Rodolphe**, Louis, chiffonnier. — N'appartenait point à la garde fédérée et n'a pas pris part à l'insurrection. Il habitait avec son fils le plus jeune, Rodolphe (Joseph), le rez-de-chaussée d'une maison sise Chemin-des-Bœufs, 48; son fils aîné Rodolphe (Mathias), habitait le premier avec sa maîtresse; il vivait, à ce qu'il paraît, en assez mauvaise intelligence avec ces derniers. Il déclare que si, après la rentrée des troupes, il a été brûlé des effets dans la maison, cela peut s'être passé chez son fils aîné, mais non chez lui.

Pendant que le 257e bataillon occupait Neuilly, il y est allé plusieurs fois, étant muni d'un sac; il n'en a, selon lui, rapporté que du vieux pain qu'il revendait dans Paris, à raison de 20 centimes le kilo. Le témoin Bertin croit lui avoir vu un jour un rouleau de dentelles ; il a été trouvé dans son logement particulier deux mouchoirs aux initiales E R, marque de la maison Razy. Il nie avoir rapporté de la dentelle ; quant aux mouchoirs, que, comme il est chiffonnier et qu'il ramasse ce qu'il trouve, il n'est pas étonnant que l'on ait trouvé chez lui du linge marqué de différentes manières ; il a, d'ailleurs, une petite fille dont les initiales sont E R. L'on a saisi chez lui une cravate et un peu de drap ; il soutient que c'est sa propriété.

Il a 58 ans et n'a jamais subi de condamnation. Nous ne trouvons, le concernant, aucune charge bien précise; aussi croyons-nous devoir demander en sa faveur une ordonnance de non-lieu.

(44) **Charton**, Jean-Baptiste-Alexandre, horloger, reconnaît avoir reçu de Bioret, Alphonse, trois pendules à réparer; pour prouver qu'il en ignorait la provenance frauduleuse, il déclare les avoir inscrites sur son livre de police et placées à sa vitrine, où elles ont été saisies. En ce qui concerne la caisse expédiée par la veuve Bioret à son fils, à Fontenay, il dit qu'en effet, cette femme est venue faire l'emballage chez lui, mais qu'il ne s'en est nullement occupé ; sur sa demande, cependant, il a écrit l'adresse. Il ajoute qu'il l'a fait machinalement et sans rien pouvoir soupçonner, car il savait que la femme Alphonse Bioret réclamait ses robes d'été.

Les déclarations de la veuve Bioret et de son fils viennent à l'appui de ce que Charton avance. L'instruction ayant, en outre, accepté, dès le début, l'inscription des pendules sur le registre de police, nous sommes porté à demander une ordonnance de non-lieu.

(45) **Cayla**, Chéri-Bernard, employé de commerce, vivait dans de bonnes relations avec Bioret, Alphonse, et le savait compromis dans l'insurrection ; aussi, n'a-t-il point été étonné de lui voir quitter Paris ; il l'a même accompagné jusqu'au chemin de fer. Avant qu'ils ne se séparent, Bioret l'a prévenu que sa mère lui apporterait certains objets. La veuve Bioret lui a, en effet, fait remettre deux petites pendules, une coupe et un petit bureau. Cayla ajoute que quoique fréquentant Bioret, il allait rarement à son loge-

ment et ne connaissait pas son mobilier, et qu'il a reçu ces objets, sans avoir la moindre méfiance ; quelque temps après, se trouvant dans le besoin, il les a engagés au Mont-de-Piété. Nous n'apprécions pas ce fait, mais reconnaissant que l'inscription a été faite en son nom, nous sommes porté à admettre qu'il ignorait recéler des objets volés. Nous demandons une ordonnance de non-lieu en sa faveur.

(46) **Potiron**, Marie-Françoise, veuve Bioret, demeurait depuis déjà un certain temps dans le même logement que son fils aîné. Celui-ci, tout en étant convenable vis-à-vis d'elle, était le maître dans la maison et ne rendait point compte de ses faits et gestes. Elle a bien vu une montre à son fils ; dans la conversation, il a laissé entendre qu'il l'avait achetée pour une faible somme à l'un de ses camarades, dans le besoin. Des objets avaient été apportés à la maison ; elle croyait qu'ils appartenaient au docteur Ysquierdo. Quand son fils est parti de Paris, elle lui a fait observer qu'il laissait dans le logement les objets appartenant au docteur, quelle savait mort ; il lui a répondu de les remettre à Cayla, ce quelle a fait. — Plus tard, il fait écrire de Fontenay une lettre par sa femme et réclame, avec les robes de celle-ci, un paquet renfermé dans une armoire ; elle s'empresse d'obtempérer à ses désirs, et, comme elle ne sait écrire que d'une manière très-incorrecte, elle va faire l'emballage chez le nommé Charton, et le charge de mettre l'adresse que son fils lui a donnée.

Nous ne découvrons rien dans ces faits qui nous prouve qu'elle a recélé sciemment des objets volés ; aussi demandons-nous en sa faveur une ordonnance de non-lieu.

(47) **Debat**, Evelina-Alphonsine, femme Bioret, a quitté Paris le 17 mars 1871 pour se rendre chez ses parents, à Fontenay-le-Comte. Son mari est venu la rejoindre le 31 mai ; il ne s'était nullement annoncé, il est arrivé portant un simple sac de voyage, une chaîne et une montre en or, dont il lui a fait cadeau en lui disant avoir acheté ces deux objets pour 80 francs. En ce moment, elle ignorait même qu'il fût compromis dans le mouvement insurrectionnel ; elle l'a appris quelque temps après, par une lettre de sa belle-mère, dans laquelle elle disait qu'il était recherché et qu'il ferait bien de se constituer prisonnier. Comme A. Bioret

était venu porteur d'un sac de voyage seulement et que sa femme avait besoin de ses robes d'été, elle écrit à sa belle-mère de les lui envoyer; il profite de la circonstance pour réclamer un paquet placé dans l'armoire à glace. Le 11 juin, arrive une caisse du poids de 27 kilos, à l'adresse de Débat de Sarinant (ce sont les noms de la famille de Mme Bioret). En l'ouvrant, elle est étonnée d'y trouver des objets qu'elle ne connaît point : des rideaux, des couteaux, un coupon de toile à chemise, un coupon de dentelles, une platine, un manchon, un gland de sonnette; son mari lui dit : « J'ai acheté tout cela à bon compte. » Il lui a également appris qu'il avait déposé des objets chez Cayla, en ajoutant qu'ils ne lui appartenaient point, et peu après, il lui fait écrire une nouvelle lettre à sa mère par laquelle il fait réclamer les objets en question audit Cayla, Chéri.

Bioret est reparti pour Paris le 18 juillet; il avait dit à sa femme qu'il allait se constituer prisonnier pour purger l'accusation de part prise à l'insurrection qui pesait contre lui.

Peu après la gendarmerie et M. le commissaire de police sont venus à la maison Debat pour arrêter les époux Bioret et faire une perquisitition. Ne trouvant que la femme, ils l'ont laissée en liberté, et la perquisition n'a amené aucun résultat. Le 26 juillet elle est mise en prison, après s'être rendue elle-même au palais de justice, sur un simple avis qui lui avait été expédié. Depuis que l'on avait fait une perquisition elle avait bien réfléchi, et avait fini, dit-elle, par se demander si son mari, dont elle ne pouvait suspecter la probité, n'aurait pas, sans le savoir, acheté à un voleur les objets arrivés à Fontenay. C'est sous le coup de ces réflexions que, le 3 août, elle a demandé à parler à M. le procureur de la République. Elle lui a déclaré qu'il y avait au logement de ses parentts, dans une pièce qu'elle désigne, différents objets qu'elle énumère, qui n'existaient point dans le ménage avant le 17 mars et que son mari lui a dit avoir acheté à des brocanteurs.

Tels sont les faits reprochés à cette femme. Il en découle pour nous qu'elle a été trompée et compromise par son mari; qu'elle n'a point recélé sciemment des objets volés. Nous demandons une ordonnance de non-lieu.

(48) **Picard**, Flore-Antoinette, dite femme Migeon, vit de-

puis longues années avec le nommé Migeon et est mère de cinq enfants en bas âge. Manquant de vivres; elle se rend à Neuilly pour en obtenir; elle y va avec un sac et en revient avec quelques denrées alimentaires fournies par Migeon et une poupée de faible valeur qu'il lui donne pour les enfants. Les bas et autres objets ont été apportés au logement par Migeon; elle n'y est pour rien. Elle reconnaît qu'il a vendu pour 25 francs un châle qui venait de Neuilly; elle ajoute : « La misère dans laquelle nous nous trouvions peut l'excuser un peu. »

Un témoin soutient l'avoir vue emportant un paquet. Elle répond : « Cela peut être vrai, puisque je suis repartie avec un sac renfermant des vivres qui m'avaient été donnés à la cuisine du bataillon. »

Nous demandons une ordonnance de non-lieu.

(49) **Capuyns**, Marie, femme Jubin. — Nous ne trouvons aucune accusation bien précise contre cette femme. Elle habite Juvisy. Son amant Monneau réside à Paris. Quand ce dernier a été arrêté, il lui a écrit d'aller à son logement et d'emporter tous ses effets. Elle se rend à son invitation et transporte tout ce qu'elle trouve à son domicile. Les objets pris à Neuilly par Monneau ont été retrouvés chez elle ou chez sa fille. Il est vrai que, parmi le linge de cette femme, quelques plaignants ont cru reconnaître quelques objets démarqués et remarqués J. Ce fait ne nous paraît pas suffisamment prouvé.

Nous avons appris que la femme Jubin achète et fait acheter à l'hôtel des ventes; il n'est donc pas étonnant qu'elle ait eu en sa possession du linge démarqué.

Elle a subi une condamnation de trois ans de prison pour vol qualifié.

Nous demandons une ordonnance de non-lieu.

Saint-Cloud, le 3 avril 1872.

*Le rapporteur* :

Signé : De Boubée.

## Interrogatoire des accusés.

*Séance du 15 mai.*

Après la lecture de l'acte d'accusation qui n'a pas duré moins d'une heure et demie, M. le président procède avec autant de modération que de précision à l'interrogatoire de chaque accusé.

**Duprat**, commandant, sur qui , du reste, pèse la plus lourde part de responsabilité, est appelé le premier. Une tentative d'évasion attribuée à Barré, de complicité avec Duprat, avait été éventée et avait motivé des mesures de rigueur prises par M. le commissaire du gouvernement de Garros, également directeur de la prison de Saint-Cloud.

Duprat prie les juges de n'ajouter aucune foi à cette prétendue tentative d'évasion, et sur l'injontion de M. de Garros de passer outre à ces commérages, Duprat nie tous les vols mis à sa charge par ses coaccusés. Confronté avec ces derniers, ceux-ci nient à leur tour leurs dépositions devant le juge d'instruction et le rapporteur-instructeur.

Incident....... *M. le commissaire du gouvernement :* Messieurs du Conseil, les accusés semblent avoir adopté un système de défense qui résulte de conseils récents qui leur auraient été donnés. Je dois leur faire observer que nous ne pouvons être dupes de cette tactique, et que leurs réticences préjudiciables à leur honneur et à leurs intérêts ne peuvent être acceptées par l'accusation.

**Me Demange**. — Je proteste au nom de la défense. Nous n'avons donné aux accusés aucun autre conseil que celui de dire la vérité.

**M. le commissaire du gouvernement**, — Mes paroles ne peuvent donner lieu à aucune équivoque ; je constate un fait et n'ai nullement l'intention d'incriminer MM. les défenseurs.

L'interrogatoire de Duprat continue.

Interrogé sur l'établissement de la liste des employés de la Compagnie de l'Ouest, remise à Félix Pyat le 6 mai, Duprat se défend d'en avoir été l'instigateur, et laisse peser de très-graves soupçons sur les employés supérieurs de cette Compagnie. Il résulte de ses déclarations que le directeur de cette époque aurait livré à la Commune les wagons blindés et fait marcher le personnel pour les manœuvres; que, de plus, il aurait désigné cent employés pour construire des barricades.

Duprat, avant de se retirer, fait observer qu'il était après la Commune à Valenciennes; que sur l'avis de sa femme qu'il était poursuivi, il était rentré et s'était constitué prisonnier, ce qui prouve son innocence. Il nie avoir, pour son compte particulier, rien pris dans les maisons. Comme le dépôt des objets volés se trouvait à son logement rue Peyronet, il lui a été fait des cadeaux qu'il a accceptés et qu'il a permis de porter chez lui. Il reconnaît être allé chez M. Razzy et avoir vu faire des paquets; mais il prétend avoir ignoré que l'un d'eux fût destiné à sa femme.

**Biorret**, Alphonse, avait quitté le 257e bataillon, où il rentra dans le courant d'avril, et fut élu sergent-major. Il prétend ne pas avoir pris part aux deux sorties de sa compagnie; il ne la rejoignait hors des portes, selon lui, que pour payer les hommes.

Il a reconnu dans l'instruction avoir pris part au pillage de Neuilly; mais, dit-il, les portes des maisons étaient déjà ouvertes; c'est à tort que ses camarades l'ont accusé d'être le plus âpre à la curée. Il nie avoir fait des arrestations illégales.

**Barré** a été sous-aide major au 257e bataillon. Il reconnaît avoir participé aux vols commis dans la maison Razzi et dans d'autres maisons.

**Roger** était également sous-aide major. Il nie avoir rien pris; mais M. Razzi a reconnu chez lui des objets lui ayant appartenu. Le nommé Gouillon, conducteur de l'omnibus des ambulances, déclare lui avoir porté divers paquets; il ajoute que, de tous les docteurs, Roger était celui qui volait le moins.

**Monneau**, capitaine, commandait la compagnie d'avant-garde cantonnée dans les maisons de Neuilly. Il reconnaît avoir expulsé des habitants, mais sans les avoir maltraités.

De nombreux effets ont été trouvés chez la femme Jubin, sa maîtresse, à Juvisy.

**Bazyle**, ancien soldat, décoré de la médaille militaire, était capitaine de la 2e compagnie au 257e bataillon. On a trouvé chez lui un tableau, deux flambeaux et deux volumes volés à Neully. Il nie avoir volé et partagé les vols avec le sergent Gamel de sa compagnie.

**Moulins**, porte-drapeau du 257e bataillon, avoue avoir remis à sa maîtresse, la fille Dellière, un camée, une broche, une chaîne et un médaillon en or, mais de la part de Weill dit le *Cuirassier*.

. Il ne donne aucune explication satisfaisante sur l'offre faite par sa maîtresse à la dame Binet, femme de l'ancien officier d'armement du 257e bataillon, d'une corbeille contenant des objets volés et une somme de 600 francs, reliquat de solde du bataillon, dont il était détenteur comme officier payeur.

**Boucher**, sergent, a pris des serviettes et des bas d'enfants qu'il a donnés à l'accusé Migeon. Il reconnaît également avoir pris une montre en argent qu'il a vendue 4 fr. 50 centimes.

**Chabry**, Jules, sergent-fourrier, est entré comme simple garde au 257e bataillon lors de sa formation. Nommé sergent-fourrier dans les premiers jours d'avril, il a suivi sa compagnie à l'Arc-de-l'Etoile, à Asnières et à Neuilly ; a touché la solde et les vivres.

En ce qui concerne le pillage, il reconnaît qu'un partage d'effets volés a été fait au poste entre Monneau, Biorret, Dalivilliers, Desdouets et lui ; que du lot qui lui est échu, il n'a emporté que trois draps, laissant les autres objets. Dans une autre circonstance, il s'est, dans une maison, approprié quatre chemises qui lui ont été prises à l'ambulance. Enfin il reconnaît avoir pris au poste de la rue Nollet une pendule dont il a fait cadeau à son frère.

**Orsi**, adjudant sous-officier au 257e bataillon, y est entré comme simple garde au moment de la formation ; peu après il était nommé adjudant. Il reconnaît avoir suivi son bataillon à Neuilly; il reconnaît en outre être allé dans la maison Razzi avec Mougès et plusieurs autres officiers, y avoir vu des rideaux, avoir eu l'intention de se les approprier après que l'un de ces personnages les lui eût offerts, mais avoir dit : Ces rideaux sont trop beaux pour mon logement; j'ai plus besoin de chemises que de rideaux. Ces rideaux, qui lui auraient été destinés, ont été portés chez Mougès, auquel il a dit : Je n'en veux à aucun prix. Il avoue avoir accepté de Barré, deux verres de Bohême. Il a eu encore en sa possession un ouvrage de Molière appartenant au sieur Razzy; il soutient ne l'avoir accepté que pour le rendre à son légitime propriétaire.

**Mougès**, condamné à la déportation simple par le 8e Conseil de guerre pour fait insurrectionnel, appartenant à la portion sédentaire. Reconnaît être allé à Neuilly le 16 mai pour répondre à une invitation à dîner. Visitant la maison Razzy avec Duprat et autres, il a vu deux paires de rideaux; il s'est approprié l'une d'elles et Orsi l'autre; l'omnibus de l'ambulance les a apportées chez lui toutes les deux. Quelque temps après, il a envoyé la paire chez la demoiselle Charlot; celle destinée à Orsi est restée à son logement.

Lorsque je suis passé devant le 8e Conseil de guerre dit-il, il a été fourni le renseignement suivant par le commissaire de police : Recevait une fille recherchée pour vol d'effets à Neuilly. Ceci se rapporte incidemment à la fille Charlot et à la question des rideaux. J'ai refusé de donner aucune explication, et mon silence a dû m'être contraire, car j'ai été condamné à la déportation. Mon dossier, que vous avez en main, fait voir que j'ai pris une bien faible part à l'insurrection. Il me semble donc que j'ai déjà été puni pour le fait de vol et que je ne dois pas être l'objet d'une deuxième poursuite.

**Lieutaud** est entré comme caporal au 257e bataillon au moment de la formation et a eu le grade de sergent-major en février 1871. Il a porté sous la Commune la tenue de son grade et a touché la solde sans vivres, dit-il. Il soutient n'avoir point suivi son bataillon dans ses sorties, et n'y avoir paru que pour assister au rapport et faire la solde ; qu'il rentrait ensuite chez lui. Il nie tous les chefs d'accusation qui pèsent sur lui : accusé d'avoir, avec son ami Gamel, défendu la barricade d'Inkermann et dissipé l'argent de la compagnie, il dit que c'est faux ; accusé par Pouges de s'être approprié un châle qui se trouvait dans le logement de la 2e compagnie, il repousse ce fait; accusé d'avoir, dans la maison Ferrand, à Neuilly, fait un paquet de linge qu'il a emporté avec un bouquet, il proteste énergiquement.

Il reconnaît avoir, le 22 mai, à Asnières, reçu des mains de Gamel un pistolet qu'il lui a confié et qu'il a ensuite déposé à Paris chez un sieur Langlois. Il a su plus tard que cette arme appartenait à M. Razzi.

**Gamel** reconnaît être allé avec son bataillon à la barrière de l'Étoile, à Asnières et enfin à Neuilly. Il avoue avoir fait le coup de feu deux ou trois fois et en tirant au hasard; il a reçu un revolver à bascule qu'il a donné à Lieutaud.

**Desdouets** reconnaît avoir porté comme ceinture un morceau de châle cachemire volé à Neuilly; il a de plus pris sa part d'un lot de linge, il l'a porté à l'ambulance où il a disparu; il nie avoir pris un garde-feu en bronze d'aluminium avec les pelles et les pincettes. Il déclare que lorsque le 257e bataillon a quitté Neuilly, les sacs des hommes étaient littéralement bourrés d'effets volés.

**Deffaux**, fourrier d'ordre, reconnaît avoir volé et avoir porté un paquet d'effets chez une femme Desapheyx: c'étaient des robes de prix appartenant à Mme Razzy.

Quinze accusés ont été interrogés; aucun incident saillant n'est venu marquer cette première journée : les accusés, revenant sur leur premier système, nient toutes leurs déclarations antérieures, et d'un autre côté, M. le président et M. le commisssaire du Gouvernement essayent avec intelligence et précision de dégager le vrai au milieu de ces contradictions incessantes, de réfuter et de confondre le nouveau système des accusés.

---

*Séance du 16 mai.*

L'audience est ouverte à midi.

L'interrogatoire des accusés est repris et démontre plus encore qu'hier le nouveau système de défense qu'ils ont adopté, et consistant de plus en plus à revenir sur les précédents aveux.

**Besson**, garde, âgé de quinze ans, a révélé le fait que, lorque la voiture d'ambulance rentrait à Paris, elle contenait presque exclusivement des paquets et des objets volés. Quand on n'avait pas de blessés à placer, on en simulait un, de façon à ce que la voiture ne fût pas arrêtée à la barrière.

Il avoue avoir pris quelques volumes.

**Biorret**, Henri, appartenant au bataillon avec le grade de caporal-fourrier depuis sa formation. Après avoir disparu quelque temps, il y est revenu le 5 avril et a été nommé sergent-fourrier de la 2e compagnie. Il a suivi son bataillon à Neuilly. Il reconnaît avoir pris un ouvrage en six volumes de Victor Hugo, dont il a fait cadeau aux demoiselles Acquaire. Il s'est en outre approprié une boîte de parfumerie.

**Leccardi**, garde, a fait le service de la barricade, mais nie avoir fait usage de son arme. Reconnaît avoir eu en main, à Neuilly, une pièce de soie blanche dont il a fait cadeau à Weill qui l'a transformée en ceinture. Il a également disposé de monnaies antiques.

**Lavigne** avait quinze ans révolus au moment de l'insurrection ; s'est engagé volontairement dans la garde fédérée, le 9 mai 1871, parce que, dit-il, les moyens d'existence lui manquaient. Il a suivi son bataillon à Neuilly, et fait le service à la barricade d'Inkermann.

Reconnaît avoir enlevé d'une maison de Neuilly un sac qu'il a trouvé tout fait et qui renfermait une grande quantité d'objets; il y a ajouté une robe de chambre, mais à la barrière on lui a tout pris.

**Lorrain**, garde, dit n'avoir fait à Neuilly que le service de planton à l'état-major, rue Peyronnet; il portait les lettres et les dépêches, mais jamais de paquets. Il reconnaît qu'un jour qu'il portait une dépêche il est entré dans une maison abandonnée où tout était pêle-mêle; il a vu un paquet et l'a ouvert. Ce paquet renfermait six chemises qu'il a emportées chez lui. Dans une autre circonstance, un châle lui a été remis par Rodolphe pour qu'il le lui apporte à Paris. Il l'a déposé à l'état-major, et quand il a voulu le reprendre, il ne l'a plus retrouvé.

**Migeon** est entré dans le bataillon au moment de sa formation et ne l'a plus quitté. Il l'a suivi à Neuilly. Il était le cuisinier de l'escouade et prétend n'avoir jamais fait d'autre service. Il déclare qu'à Neuilly sa cuisine était l'entrepôt des objets volés par les gardes. Il reconnaît s'être approprié un châle qu'il a vendu 25 francs et d'autres effets tels que bas et costumes d'enfants, serviettes et poupées. Il est célibataire et reconnaît avoir cinq enfants; il vit depuis longtemps avec la fille Picard qui est venue le voir à Neuilly et qui se trouve compromise dans le pillage. Il soutient qu'elle est innocente et que lui seul est coupable.

**Perrin**, garde, a contracté un engagement volontaire de cinq ans, le 30 septembre 1871, et compte en ce moment comme simple soldat dans le 4e bataillon d'infanterie de marine. Il est entré dans la garde nationale fédérée le 4 mai 1871, avoue avoir fait le service des barricades à Neuilly, mais dit ne s'être point servi de son arme.

Il reconnaît avoir volé trois éventails qu'il a donnés, et différents objets qu'il a vendus à Toulon.

**Poujet**, garde, avoue être allé à Neuilly, où il a défendu les barricades et brûlé plusieurs paquets de cartouches. Déjà condamné pour vagabondage. Reconnaît avoir volé un châle à Neuilly.

**Réné**, garde, a suivi son bataillon à Neuilly. Déclare avoir toujours fait le service de cuisinier de l'état-major et pas d'autre. Il reconnaît avoir pris, à Neuilly, des effets d'habillement.

**Rodolphe**, garde, était employé dans le jour comme cuisinier, le soir montait des factions. Reconnaît s'être approprié à Neuilly un lorgnon et un paletot d'astrakan; il dit les avoir pris dans un poste que le 117e bataillon venait d'abandonner. Il dit avoir emporté des mouchoirs, et que s'il en a été trouvé dans le logement occupé par son père portant les initiales E. R., ils doivent appartenir à sa mère. Il déclare que l'accusation se trompe; qu'après l'entrée des troupes, il n'a pas été brûlé de linge dans son logement.

**Malcher**, capitaine adjudant-major au 117e bataillon, condamné à la peine de cinq ans de détention pour faits insurrectionnels. Reconnaît que des vols ont eu lieu par le fait de son bataillon, mais nie y avoir pris aucune part.

L'accusé est signalé comme ayant des opinions politiques très-exaltées ; interrogé à ce sujet par M. le président, Malcher répond qu'il a le cœur ulcéré parce que, le 26 mai, les troupes ont fusillé son père qui se trouvait blessé à l'ambulance des Magasins-Réunis. (Incident.)

**M. le Commissaire du gouvernement.** — Un de nos grands écrivains, dans un livre infâme, s'est déjà fait l'écho de pareilles calomnies. Je proteste énergiquement contre ces allégations, dont le seul but est de diffamer l'armée.

**Hüe**, garde au 154e bataillon, déclare être allé un jour à Neuilly dans la voiture d'Ysquierdo, et cela sur sa demande, et non sur l'invitation du cocher Vernot. Il reconnaît avoir enlevé une glace dans une maison où il se trouvait avec Vernot ; il l'a emportée sur l'omnibus de l'ambulance.

**Vernot**, garde au 154e bataillon, avait quitté son bataillon en février ; il n'y a reparu que le 1er avril suivant, afin de recevoir la solde de 1 fr. 50. Le docteur Ysquierdo disposant d'un cheval, il l'avait confié à Vernot, qui était chargé de le nourrir ; il devait lui fournir une voiture et lui servir de cocher, le tout à raison de 15 francs par jour. Vernot est allé avec la voiture plusieurs fois à Neuilly. Plusieurs des accusés ont soutenu dans l'instruction que cette voiture a servi au docteur à emporter des objets ; aujourd'hui Desdouets seul l'accuse ; lui nie formellement ; il dit que si c'était vrai, il l'eût vu et s'y serait opposé. Besson est certain que la voiture a, un jour, emporté une pendule pour Duprat. Lorsque la femme Duprat, venant de Neuilly, est entrée dans cette voiture, elle renfermait trois paquets. Le docteur Ysquierdo ayant été tué, Vernot est allé le 27 mai déclarer à M. le commissaire de police qu'il avait, dans son écurie, un cheval qui ne lui appartenait pas. Il a subi, en 1850, une condamnation pour complicité d'adultère.

**Dellière**, Henriette, couturière, maîtresse de l'accusé Moulins, est allée plusieurs fois à Neuilly pendant que le 257e bataillon s'y trouvait ; elle y a passé quelquefois la nuit. Elle aurait assisté à des visites domiciliaires faites par des officiers de l'état-major du bataillon et aurait vu que ces individus s'appropriaient ce que ces maisons renfermaient.

Dans une circonstance, elle se serait laissé offrir un paquet qui devait être envoyé à son logement, mais qui n'est pas arrivé à sa destination; elle l'a réclamé à la femme Duprat. Elle reconnaît avoir eu en sa possession des bijoux qui provenaient de Neuilly et qui lui avaient été offerts par son amant Moulins. Deux de ses co-accusés, Lieutaud et Gamel, déclarent l'avoir vue à la barricade d'Inkermann. Ils précisent parfaitement la date et les circonstances de la rencontre ; elle aurait arraché un fusil des mains d'un fédéré à qui elle aurait donné un soufflet. L'accusée nie énergiquement ce dernier fait.

**Saingier**, femme Duprat, reconnaît être allée deux fois à Neuilly pendant que le bataillon s'y trouvait. Elle a visité les maisons, a vu qu'on volait et a fait des observations à ce sujet. L'accusée est atteinte de surdité, ce qui rend son interrogatoire très-difficile.

**Corbet**, Élise, maîtresse de Barré, l'a accompagné à Neuilly. Elle avoue en avoir rapporté une machine à coudre. Elle nie absolument les vols qui lui sont imputés.

L'interrogatoire des accusés terminé, lecture est donnée des pièces relatives aux contumax ; puis l'audience est renvoyée au lendemain pour l'audition des témoins.

---

## Audition des témoins à charge.

*Séance du 17 mai.*

Les abords de la salle d'audience sont encombrés aujourd'hui. Les places réservées, les siéges derrière les juges, sont occupés par un auditoire choisi, surtout beaucoup de dames parisiennes. Je remarque deux généraux et la comtesse de Miniato, directrice des ambulances internationales; la comtesse de Noë, la baronne de Castillo, etc., etc..... (*Avenir national.*)

A midi le président ouvre la séance; tous les avocats sont présents.

Le premier témoin entendu est *M. Razzi*, conseiller référendaire à la Cour des comptes, qui a puissamment aidé l'instruction. Il demeure avenue de Neuilly, 88 bis; il dépose en ces termes :

« J'étais absent de Paris au moment de l'insurrection. Je suis revenu à Neuilly le 24 mai; il n'y avait plus qu'une quinzaine d'habitants. Ma maison était dans un état déplorable; les meubles étaient brisés à coups de crosse de fusil, après avoir été soigneusement fouillés. » — Ce témoin s'est donné beaucoup de peine pour retrouver les objets qui lui avaient été soustraits et qui représentaient une valeur approximative de 18,000 francs; il est parvenu à force de recherches à rentrer en possession d'une partie de ce qui lui avait été pris.

Il a appris que Barré avait emporté un grand nombre d'ojets qu'il avait transportés, lors de l'entrée des troupes dans Paris, chez le docteur Ysquierdo. Le témoin s'est rendu chez Barré où il a retrouvé entre autres objets une machine à coudre. Il représente Biorret, chez lequel il s'est rendu également, comme l'un des principaux auteurs des vols.

Il aurait dit à sa mère : « Nous n'avons plus besoin de travailler, nous voilà riches. »

Orsi, a dit le témoin, a mis beaucoup de bonne volonté à faire retrouver le produit du pillage.

On s'est introduit chez le témoin par des brêches faites dans le mur du jardin, puis dans la maison en fracturant portes et fenêtres. C'est le 257e bataillon qui l'a pillé.

M. le commissaire de police délégué.— Ce témoin, chargé d'une commission rogatoire, a procédé à la plupart des perquisitions et des arrestations. Il donne au Conseil des renseignements sur presque tous les accusés. Il a découvert au domicile de Barré nombre d'objets volés à Neuilly. La femme Biorret mère lui a remis un certain nombre de reconnaissances du mont-de-piété, constatant l'engagement de divers objets enlevés des maisons de Neuilly; des pendules en quantité assez considérable ont été retrouvées chez l'horloger Charton, en rapport avec Biorret. Le témoin rend également compte de plusieurs perquisitions qui toutes ont eu le même résultat.

**M. Gromaire**, garçon de caisse, concierge de la maison habitée par la maîtresse d'Ysquierdo, rue Truffault, 63, déclare que le 28 mai 1871, Barré, traînant une voiture à bras chargée de paquets, et portant au bras le brassart tricolore des amis de l'ordre, voulait déposer ces paquets dans la maison, sous prétexte qu'ils étaient destinés au docteur.

Le témoin ne voulut pas les recevoir, et conseilla de les porter chez le commissaire de police ; à cette proposition, Barré disparut, laissant là les paquets qu'il avait déchargés. Un sieur Gouvenot, qui l'accompagnait, resta et alla avec lui chez le commissaire de police.

**M. Gouvenot**, greffier de la justice de paix du 17e arrondissement, déclare que Barré, qu'il connaît depuis longtemps, était venu le trouver pour lui dire qu'il avait en sa possession des objets pris par le docteur Ysquierdo, et qu'il voudrait les reporter au domicile de celui-ci ; le témoin l'avait accompagné rue Truffault, mais le concierge de la maison du docteur, ou plutôt de sa maîtresse, ayant refusé, M. Gouvenot aurait dit qu'il fallait se rendre chez le commissaire de police, et lui soumettre le cas.

Le témoin **Gromaire**. — Ce n'est pas vrai.

**M. le commissaire du gouvernement**. — Je ferai observer à M. Gouvenot qu'il a joué un bien triste rôle dans cette affaire. J'ai été très-surpris, surtout après avoir lu les pièces écrasantes pour lui produites par l'instruction, de l'ordonnance de non-lieu dont il a été l'objet. Pour un quasi-magistrat, M. Gouvenot a singulièrement agi : il a aidé Barré à déménager chez le docteur Ysquierdo, le 28, alors que Barré savait qu'Ysquierdo avait été fusillé le 23.

*M. le président* à Gromaire : Vous avez une observation à faire ?

**Témoin Gromaire.** — Il est inexact que Monsieur ait parlé d'aller chez le commissaire; c'est moi qui en ai pris l'initiative.

**Me Demange** défenseur de Barré. — Je demanderai à M. le commissaire du gouvernement de ne pas discuter les charges pesant contre les accusés pendant les déposition des témoins, parce que la défense sera obligée de répondre et nous allongerons inutilement des débats déjà si difficiles.

**M. le commissaire du gouvernement.** —Mon Dieu, maître Demange, je comprends les difficultés de votre défense, et je m'explique que vous souleviez tous les incidents possibles ; mais si vous n'êtes pas sur des roses, je n'y suis pas non plus, croyez-le bien. Cette instruction a été menée avec une activité fiévreuse, pour éviter le reproche de lenteur qu'on adresse si souvent aux procédures des conseils de guerre.

J'ai donc accepté l'ordonnance de non-lieu rendue en faveur de M. Gouvenot, alors que si j'en avais eu le temps, j'aurais lancé un mandat d'amener contre lui ; mais je crois avoir le droit et le devoir, lorsqu'un témoin me paraît aussi incriminable que celui-ci, de le faire remarquer pour éclairer la religion du Conseil ; incidemment, il faut bien que je parle de Barré, puisque ce sont les actes accomplis en commun le 28 qui établissent la complicité. Je n'ai pas, comme messieurs les défenseurs, les préoccupations exclusives de la défense ou de l'accusation; je recherche la vérité et je dois édifier le Conseil. Je pourrais, du reste, comme je le ferai peut-être, provoquer l'arrestation du témoin. J'ajouterai un détail: la demoiselle Roucan, maîtresse de Gouvenot, est très-liée avec la fille Corbet, maîtresse de Barré ; leurs relations à tous quatre sont parfaitement établies, et la complicité ressort évidente.

**Me Demange.** — Comme M. le commissaire du gouvernement, nous recherchons la vérité ; nous n'avons pas d'autre préoccupation.

**M. le commissaire du gouvernement.** — Si vous connaissiez un incident pouvant incriminer votre client, le révéleriez-vous ?

**Me Demange.** — Certainement non, je manquerai à tous mes devoirs.

**M. le commissaire du gouvernement.** — Nous n'avons donc pas la même manière d'interpréter la vérité.

L'incident est clos.

**Mme Grez,** avenue de Neuilly, 90, est la mère d'un pharmacien, établi audit lieu. La boutique de son fils a été complétement pillée par le 257e bataillon, qui a chassé les habitants de la maison pour s'y installer. On entend plusieurs témoins qui déclarent avoir été complétement dévalisés par le 257e. L'un d'eux a perdu pour une valeur de 10,000 francs; un autre 20,000 francs. Il résulte de ces témoignages que les fédérés contraignirent les personnes demeurées à Neuilly à quitter leurs maisons.

M. le docteur **Ferrand,** demeurant à Neuilly, raconte l'arrivée du 117e bataillon, puis du 257e bataillon fédérés; le premier s'est conduit relativement bien; le second a forcé les habitants à s'en aller. Le témoin a dû faire comme les autres. Il a vu emmener, par Biorret (Alphonse), Monneau et autres, un de ses voisins, M. Masson.

**Blanchet,** cocher de M. Daga, avenue de Neuilly, 88, M. Daga, le maître du témoin, étant parti, des gardes nationaux conduits par Malcher, adjudant-major au 117e bataillon, sont venus réquisitionner le vin et les volailles appartenant à M. Daga, disant : « La Commune vous payera. » Malcher a pris deux fusils, puis les clefs de la maison. C'est lui aussi qui a dressé un inventaire du vin qui se trouvait dans les caves, disant : « Il y a trois cents bouteilles, la Commune vous en rendra six cents. » Ayant voulu protester au nom de M. Daga, on lui répondit : « Je vais t'en f... du Daga. » Le témoin revint à Paris, et obtint l'autorisation de déménager; il est retourné à Neuilly et a pu enlever l'argenterie et quelques tableaux, mais le pillage était déjà consommé; on n'avait rien fracturé, ce qui prouvait que Malcher s'était servi des clefs que le sieur Blanchet lui avait remises.

**M. Masson,** limonadier, avenue de Neuilly, a été emmené par une troupe de fédérés du 257e bataillon, conduits par Biorret (Alphonse) et Monneau, en même temps que plusieurs autres personnes. Comme il cherchait du regard par où il pourrait s'enfuir, Biorret dit à ses gardes : Celui-là veut se sauver; s'il bouge, tirez dessus. On le conduisit, avec force injures et mauvais traitements, à l'état-major, où il obtint, après avoir été enfermé toute une nuit dans une cave, de revenir chez lui pour y prendre ses effets. Mais là, il parvint à se sauver. Après l'entrée des troupes, il revint à Neuilly, et trouva tout son établissement dévasté: les billards étaient déchirés, les parquets souillés, les liqueurs bues, etc., etc.

**M. Legrain**, épicier, avenue de Neuilly, a été également pillé.

**M. Boudrot**, ancien commissaire de police, a perdu pour 2,800 francs d'effets.

**M. Gouillon**, conducteur de l'omnibus d'ambulance, a été requis pour remplir cette fonction. Il déclare que cette voiture servait presque exclusivement à transporter des ballots que l'on déposait chez Ysquierdo, chez Barré, chez Roger; un jour il a fait des observations à ce sujet, on le menaça de le déférer à une cour martiale, ou de le faire rentrer dans un bataillon.

**Mlle Roucan** a reçu des effets de Barré, mais elle les a rendus.

**Strickler,** concierge de la maison habitée par Duprat, fait une déposition sans importance.

M. le commissaire de police déclare que ce témoin a fait ce qu'il a pu pour arrêter les investigations.

**M. le Président à Strickler.** — On pourrait vous faire arrêter comme faux témoin ; du reste je réserve la question.

**Mlle** Ninette **Béziat,** artiste lyrique, s'avance au milieu d'un murmure approbateur. C'est un hommage rendu à sa gentillesse. Elle est jeune et jolie, et son attitude est charmante, bien qu'embarrassée. Elle déclare que le petit Besson lui a remis un manchon qu'elle a restitué. L'histoire d'un bouquet reçu augmente son embarras; aussi le président n'insiste pas et l'invite à se retirer, ce qu'elle fait avec empressement.

D'autres témoins déposent encore des actes de violence

et de pillage dont les fédérés, et surtout Biorret (Alphonse), se sont rendus coupables.

**Charton**, horloger, rue Lemercier, à Batignolles. — Ce témoin a reçu des pendules qu'il n'a pas inscrites sur ses livres, et dont il a gratté les marques de fabrique. L'attitude du témoin est assez embarrassée, et une sévère admonestation du commissaire du gouvernement achève de le troubler.

**M. le président.** — Je verrai si, dans le cours des débats, il n'y a pas lieu de vous faire arrêter.

Femme **Biorret** (Alphonse.)— Ce témoin paraît très-émue et est sur le point de tomber en faiblesse. M. le président la fait asseoir.

M. le commissaire du gouvernement renonce spontanément à son audition et regrette vivement l'incident. Cette citation était forcée, dit-il, la femme Biorret (Alphonse) ayant des explications à donner sur la caisse d'effets volés que lui avait expédiés son mari dans sa famille, sous le nom de Tarissant. Une grande émotion règne dans l'auditoire. La séance est suspendue, et M. le commissaire du gouvernement, très-ému, permet à l'accusé Biorret de s'entretenir un instant avec sa femme, dans la chambre des témoins. Cette faveur reçoit l'approbation générale et l'accusé Biorret fond en larmes en se précipitant dans les bras de cette charmante femme, dont il a brisé la carrière.

La séance est reprise après une interruption de vingt minutes; l'audition des témoins à charge continue et n'offre rien de remarquable.

Femme **David**, demeurant impasse Péronnet, est entendue. — Impossible de comprendre un traître mot à sa déposition. Elle s'embrouille dans les dates et les armistices, et après des efforts surhumains de M. le président et du commissaire du gouvernement pour la mettre sur la voie, M. le président l'a prie d'aller s'asseoir.

Elle continue à parler de son banc, ce qui excite l'hilarité.

Femme **Détsapheyx**. — Recevant chez elle les fédérés qu'elle nourrissait, elle dépose contre la femme Duprat, contre Desdouets, qui lui a remis plusieurs robes appartenant à M^me^ Razzi, et qu'elle a brûlées, etc., etc.

L'audience est levée à 6 heures 1/2, et remise au lendemain pour l'audition des témoins à décharge.

---

## Témoins à décharge

*Séance du 18 mai.*

L'auditoire est peu nombreux; on dirait qu'il a compris que la séance offrirait peu d'intérêt. Tous les témoins à décharge sont cités par la défense. Ils se présentent en très-petit nombre, et leurs dépositions sont pour la plupart insignifiantes ; c'est tout d'abord pour Duprat, commandant du 257^e^ bataillon, employé au chemin de fer de l'Ouest :

**M. Prudhomme,** inspecteur des chemins de fer de l'Ouest. — Il fait l'éloge de Duprat, dit qu'il a servi pendant six ans et demi au 44^e^ régiment de ligne, et l'a quitté honorablement. Il professe un attachement marqué pour l'empereur. Il attribue la conduite coupable de Duprat à l'abandon dans lequel se sont trouvés les administrés de la Compagnie, de la part des administrateurs.

**M. Larchet,** sous-inspecteur de comptabilité au chemin de fer de l'Ouest, affirme n'avoir pas été inquiété par les gens de la Commune, et discute longuement le décret relatif aux employés du chemin de fer, décret rapporté par Delescluze le 6 mai 1871. Les employés ont dû subir le joug de la Commune pour sauvegarder les intérêts de la Compagnie.

**M. Doudenny,** négociant. — Insignifiante.

**M. Despierre,** employé au chemin de fer de l'Ouest. — Parle peu de Duprat et beaucoup de lui; déclare n'avoir pas servi la Commune et se décerne une couronne civique.

Pour Barré, se présente M^me^ Maret, concierge; elle

affirme que Barré a toujours été honnête et payait son terme.

Pour Roger, se présentent :

**M. Bygrave**, docteur dentiste. Fait le plus grand éloge de Roger qui, employé chez lui, était son alter-ego.

**M. Ballue**, docteur du 257e bataillon pendant le premier siége, a eu Roger sous ses ordres, et n'a eu qu'à s'en louer.

Pour Lieutaud se présente **Lero**, sergent-major au 113e de ligne.

Il raconte longuement l'histoire du pistolet de M. Razzi. Quand il a vu Lieutaud chez un marchand de vins, il avait déjà déposé les armes.

Pour Mougès se présente M. le commandant **d'Aubier de Rioux.**

Il raconte en termes aussi émus qu'énergiques, que Mougès lui a sauvé la vie en se compromettant lui-même, alors qu'arrêté par les insurgés il allait être fusillé. Ce récit émeut vivement l'auditoire et excite ses sympathies en faveur de Mougès, qui pleure abondamment.

Toutes les autres dépositions sont encore plus insignifiantes que les précédentes, et peuvent se résumer ainsi : Si ce sont des hommes, ils affirment l'honorabilité des accusés avant la Commune, et terminent invariablement par l'apologie de leur propre conduite pendant l'insurrection, par conséquent chargent l'accusé en faveur duquel ils étaient appelés à déposer ; si ce sont des femmes, leurs récits sont aussi longs qu'invraisemblables et insignifiants. Les bâillements de l'auditoire témoignent de sa lassitude. La séance finit à 3 heures et est remise au lendemain pour le prononcé du réquisitoire du commissaire du gouvernement.

---

## Réquisitoire du Commissaire du Gouvernement

*Séance du mardi 21 mai.*

La séance est ouverte à midi. L'auditoire est des plus nombreux et choisi. Les places réservées derrière le Conseil sont toutes occupées. Le personnel féminin domine ; et malgré le temps épouvantable, on retrouve les mêmes Parisiens qui n'ont cessé de suivre ce procès émouvant depuis son début.

Après l'audition de deux ou trois témoins retardataires, M. le Président donne la parole à M. le Commissaire du gouvernement, qui, au milieu du plus profond silence, s'exprime ainsi :

Monsieur le Président, messieurs du Conseil.

Le rôle que je suis appelé à jouer dans le procès considérable qui se déroule devant vous, est, vous le reconnaîtrez, écrasant pour mon inexpérience ; n'ayant pour le remplir que ma bonne volonté, l'amour du devoir, de mon pays, et les convictions acquises dans ces débats, je fais appel à la bienveillance de tous. A la vôtre, messieurs du Conseil, dont la sagesse saura suppléer à mon insuffisance ; à la vôtre, messieurs les défenseurs, qui avez parcouru la volumineuse procédure qui nous occupe et connaissez les difficultés que j'ai à surmonter.

Messieurs, c'est aujourd'hui l'anniversaire de la délivrance des habitants de Neuilly, et, singulière coïncidence, ou plutôt hasard providentiel, c'est aujourd'hui que commence le châtiment de leurs persécuteurs.

Avant d'entrer dans le fond du débat, je crois devoir esquisser rapidement la situation de Neuilly avant et pendant la perpétration des actes criminels que vous avez à juger, afin d'établir la véritable physionomie de ce procès, que l'analyse des actes individuels serait impuissante à lui donner.

Pendant cinquante jours, du 2 avril au 21 mai 1871, cette malheureuse cité qu'avaient épargnée les boulets prussiens

3

a été le théâtre d'une bataille sans trève, ensanglantant ses rues, incendiant ses maisons et forçant ses habitants à se cacher dans des caves d'où ils ne sortaient que pour pourvoir à leur subsistance, exposés aux feux croisés de leurs envahisseurs et de leurs libérateurs.

Telle était la situation dès le 2 avril, les troupes régulières occupant le rond-point de Courbevoie, et les fédérés se maintenant en deçà de la porte Maillot et des Ternes, où étaient établies leurs batteries.

Aux tortures physiques, vinrent, le 6 avril, s'ajouter les tortures morales : la municipalité de Neuilly ayant donné sa démission, la Commune s'empara de la mairie ; le drapeau rouge remplaça le drapeau tricolore, déployant aux yeux attristés des habitants qui ne s'y trompèrent pas ses devises menteuses. Guenille infâme, toujours précurseur de nos grands deuils nationaux, et qui n'a d'exact que la couleur qui rappelle celle du sang et les lueurs de l'incendie.

Maîtresses de Neuilly, les bandes fédérées organisèrent les barricades et les perquisitions. Localisant ce drame, je ne parlerai que de celles de la rue Peyronnet et de la rue Louis-Philippe, qui furent successivement occupées par les deux bataillons mis en cause dans ce procès.

A cent cinquante pas environ des barricades fédérées, l'armée régulière établit les siennes, et une pluie de projectiles couvrit incessamment, jusqu'au 21 mai, la zone qui les séparait.

Le 25 avril, pourtant, il y eut un armistice ; contrariés dans leurs mouvements et dans leurs secrets désirs, les fédérés engagèrent les habitants de Neuilly à profiter de cette trève pour se retirer à Paris. Beaucoup le firent, et il ne resta bientôt plus que quelques domestiques dévoués voulant sauvegarder les propriétés de leurs maîtres, ou du moins ce qu'elles contenaient, et quelques personnes malades ou se cramponnant avec énergie au peu qu'elles possédaient.

Le 117e bataillon occupait alors les barricades que je viens de vous indiquer et leurs alentours ; l'état-major Dombrowski était installé rue Peyronnet.

Voyant leurs desseins en partie déjoués, les fédérés du 117e ne se montrèrent pourtant point encore trop rigoureux et semblèrent tolérer la présence de ceux qui avaient cru devoir rester. Toutefois, ils firent des perquisitions dans les maisons pour forcer à marcher dans leurs rangs les hommes âgés de moins de quarante ans, ce qui activa l'émigration, et de plus réquisitionnèrent des vivres et du vin.

Nous arrivons au mois de mai : la mitraille et les obus ne cessaient de pleuvoir sur Neuilly ; quelques maisons, gravement atteintes, laissaient apercevoir par leurs flancs éventrés les richesses qu'elles contenaient, ce qui excita la cupidité des fédérés. Ils commencèrent à dévaliser ces maisons complètement abandonnées par leurs propriétaires.

C'est ainsi qu'une voiture chargée d'un riche butin estimé 10,000 francs fut conduite à l'état-major de la rue Peyronnet, puis à celui de la place Vendôme, dont les membres probablement se distribuèrent les objets qu'elle contenait, car on n'en entendit plus parler.

Le 10 du même mois, le 257e, commandant Duprat, vient se réunir au 117e bataillon dans le même cantonnement, et reste deux jours dans l'inaction ; le 12, il remplace définitivement ce bataillon, prend la défense des barricades de la rue Peyronnet et de la rue Louis-Philippe, détache la 1re compagnie en avant-poste, avenue Pérard et avenue de Neuilly, enfin occupe les alentours.

Jusque-là, il n'y avait eu que des pillages isolés ; on pouvait les citer ; c'étaient, la maison Daga qui avait été dépouillée de ses vivres, des vins et des armes qu'elle contenait, mais conservait ses meubles ; la maison Boucher, celle-là presque entièrement dévalisée ; la pharmacie Grez veuve de tous les médicaments qu'elle contenait, et c'est tout.

A partir du 12, le tableau s'assombrit ; le 257e est plus âpre à la curée que le 117e ; il n'a pas les mêmes scrupules et ne semble craindre que les révélations. Il y a encore dans le cantonnement des vieillards, des femmes, des enfants ; il faut à tout prix chasser tout ce monde, pour n'avoir plus de témoins indiscrets.

Le revolver au poing, on expulse ce qui reste d'habitants ; on brutalise et menace de mort ceux qui résistent, on les conduit en troupeau à l'état-major sous une pluie de projectiles, pour les expédier de là sur Paris. Une mourante ne trouve même pas grâce devant ces misérables alléchés par le butin ; comme elle ne peut marcher, on l'emporte sur un matelas à travers les jardins.

Dès lors, ce ne sont plus qu'orgies et pillages. Comme toutes ces maisons ne sont séparées que par des murs de jardin, on chemine de l'une à l'autre par des brèches qu'on y fait, et on pénètre dans les appartements en fracturant les portes et les fenêtres.

Les caves regorgent de vin. Ainsi, pendant que la France agonise sous les yeux d'un ennemi implacable, savourant brutalement sa victoire aux portes mêmes de Paris insurgé, ces misérables qu'on a dit et qu'on ose dire encore avoir été entraînés par un délire patriotique, organisent des festins et s'enivrent.

Aux festins succèdent des bals hideux où ils se travestissent avec les dépouilles de leurs victimes, conviant à ces saturnales leurs concubines amenées de Paris, et, ô comble de honte, leurs femmes légitimes aussi, entre autres celle du chef de la bande.

Il n'y a de ma part aucune exagération, Messieurs ; les femmes Mayer, Chambost, Chapelier et le sieur Masson ici présents ont été les victimes des expulsions à main armée ; le sieur Ferrand, également présent, vous a affirmé l'enlèvement de la mourante qu'il soignait ; enfin un des accusés, le jeune Besson, témoin oculaire des orgies, a déclaré ce qui suit :

« Toutes les soirées se passaient en orgies ; les gardes
« nationaux et les officiers s'affublaient avec les effets
« de femmes et d'hommes qu'ils prenaient dans les maisons.
« On dansait entre hommes en donnant des coups de poing
« sur les pianos. J'ai vu un soir un des docteurs danser avec
« le cuisinier. »

A ces scènes vinrent s'en ajouter d'autres, sacriléges cette fois. La chapelle de l'institution Ferrand fut envahie par ces bandits ; les tableaux éventrés à coups de baïonnette, les saints décapités, tout brisé ; l'autel profané et couvert de souillures.

Enfin, quand j'aurai ajouté que toutes les dépouilles des malheureux habitants de Neuilly étaient portées aux domiciles de ceux qui les avaient volées, par l'omnibus destiné au transport des blessés ; que, pour tromper la surveillance établie aux barrières, quand on n'avait pas de blessé on en simulait un, j'aurai terminé mon exposé général avec le regret de n'avoir point l'éloquence nécessaire pour vous faire partager suffisamment à mon gré l'horreur et le dégoût que m'inspirent de tels actes, la honte de notre pays et de l'humanité.

Il faudrait pour cela le génie de notre grand poëte national; mais hélas! après avoir accordé sa lyre pour pleurer hypocritement en vers élégiaques sur les bourreaux, il l'a laissée muette quand il s'est agi des victimes; ou plutôt il ne l'a fait vibrer que pour les calomnier et essayer de les flétrir, ternissant ainsi sa gloire et devenant un objet de mépris pour les honnêtes gens.

Pardonnez-moi, Messieurs, les longueurs de cet exposé et la petite digression qui le termine. J'aborde maintenant le fond du procès et vais analyser successivement les actes de chaque accusé.

Mais avant, qu'il me soit permis de rendre publiquement hommage à ceux qui nous les ont fait connaître :

A M. Lambert des Cilleuls, l'éminent magistrat qui nous a remis une instruction remarquable ; à M. le capitaine-rapporteur de Boubée qui l'a complétée ; à l'intelligent et actif commissaire de police délégué, qui a fait les perquisitions et les arrestations ; enfin au courageux citoyen qui l'a aidé dans cette tâche pénible et périlleuse, M. le conseiller Razzy.

Il serait heureux pour notre société, dont les bons éléments ont pris l'habitude de trembler devant les mauvais, qu'on pût voir s'organiser une ligue des honnêtes gens qui, par leur attitude calme et ferme à la fois, pussent enfin imposer le respect des lois aux malfaiteurs du genre de ceux que vous allez avoir à juger.

**Duprat** (*Pierre-Ernest*), *commandant le 257e bataillon fédéré.*

**Duprat** (Ernest) est âgé de vingt-neuf ans et marié ; il était employé au chemin de fer de l'Ouest (1). Profitant du

(1) Commis d'ordre principal du chef de gare.

décret de Cluseret qui maintenait le personnel des chemins de fer au service des Compagnies, il n'a point pris part au commencement de la lutte. Pendant le siége fait par les Prussiens, il a servi au 155e bataillon de la garde nationale en qualité de capitaine.

Le 6 mai, Delescluze, délégué à la guerre en remplacement de Cluseret, rapportant le décret rendu par son prédécesseur, enjoignit aux employés de chemins de fer âgés de moins de quarante ans d'entrer dans les troupes de la Commune. Duprat, alors, obéissant à nous ne savons quel mobile, l'ambition sans doute, adressa à Félix Pyat la liste des employés de cette dernière catégorie. Puis, le 8 mai, à l'instigation de Mougès, capitaine adjudant-major au 257e fédéré, se présenta comme candidat au grade de commandant aux suffrages de ce bataillon. Cette candidature n'était pas sérieuse, dit-il, Mougès ne l'ayant fait surgir que pour dérouter certaines cabales, et convoitant le grade pour lui-même. La meilleure preuve de la véracité de cette allégation, dit Duprat, c'est que je demandai à M. Abit, mon chef de gare, une permission qui me permît de m'éloigner de Paris. Quoi qu'il en soit, la candidature de Mougès fut écartée et Duprat nommé. Nous n'acceptons point les dires de Duprat et nous lui opposons : 1° la démarche qu'il a faite dès le 8 mai près de Félix Pyat en lui livrant les noms de ses coemployés, évidemment dans un but intéressé ; 2° l'appréciation du sieur Prud'homme, inspecteur de la compagnie de l'Ouest, qui, dans un certificat tout de bienveillance, ne dissimule pas que les galons l'ont séduit, et qu'il n'a pas écouté les bons avis que son planton Turpin lui avait donnés.

Le 10, jour de sa nomination, Duprat prend la tenue de commandant, s'arme d'un sabre et d'un revolver, entre en solde, entre en possession de son commandement, et le jour même conduit son bataillon à Neuilly, en exécution des ordres d'un chef d'état-major du général Dombrowski, et y reste dans l'inaction du 10 au 12. A cette date, il entre en ligne au lieu et place du 117e fédéré, défend la barricade d'Inkermann et ses alentours, l'avenue du Roule, envoyant aux avant-postes, avenue de Neuilly, la 1re compagnie de son bataillon, capitaine *Monneau*. Lui, de sa personne, est logé rue Peyronnet, 37, et sa 1re compagnie est cantonnée dans les maisons de l'avenue de Neuilly, du 88 au 92 et dans la rue Pérard, à partir du numéro 1. La défense de ce bataillon a été réelle; des coups de feu ont été fréquemment échangés avec l'armée régulière du 12 au 21 mai, date à laquelle il est rentré aux Batignolles et s'est *dissous*. Duprat, sentant la responsabilité qui pèse sur lui, prétend avoir défendu de tirer, et avoir arrêté le feu, quand ses ordres n'étaient pas exécutés. Cela n'est pas admissible. Il s'était mis dès le 10 à la dévotion de la Commune, et la preuve, c'est que ses subordonnés l'accusent de les avoir conduits par surprise aux avant-postes et que Leccardi affirme qu'il l'a menacé de la cour martiale, parce qu'il ne voulait pas faire son service.

Mais une responsabilité autrement lourde pèse sur Duprat: celle des actes de vandalisme, de cruauté et de pillage commis par la bande qu'il commandait. Qu'il se rassure dès à présent, l'accusation ne lui fait pas l'honneur, pas plus qu'à ses complices, de le considérer comme un homme politique. Quand les armes à la main, on vole avec escalade et effraction, quand on chasse de leurs habitations des femmes, des vieillards déjà éprouvés par les rigueurs d'une guerre sans merci, pour mieux les piller ensuite, on ne peut revendiquer l'honorabilité relative d'hommes politiques : on n'est que des bandits. Prouvez-nous que Duprat a commis de tels actes, nous dira la défense. Et bien, nous pourrions à la rigueur ne pas répondre et objecter simplement que la tolérance accordée à de telles infamies par un chef suffit pour l'en rendre entièrement responsable. Mais je n'ai pas besoin de cet argument, j'ai des preuves plus explicites à produire: non-seulement Duprat tolérait ces actes de brigandage, il les encourageait et en tirait profit : *Is fecit cui prodest. Celui-là a commis le crime qui en profite.* Donc il est coupable, et, qui plus est, le plus coupable de ceux qui sont sur ces bancs, car il avait l'autorité nécessaire pour les arrêter dans la voie du crime. L'a-t-il fait ?

Écoutez ce que dit Biorret (Alphonse) : « Des gardes et « des officiers eux-mêmes se répandaient dans les mai- « sons et prenaient ce qui leur tombait sous la main. Beau- « coup de gardes apportaient ces objets à l'état-major.

« *Le commandant choisissait ce qui lui convenait.* Je lui « ai entendu dire: « Prenez tout ce que vous voudrez mainte- « nant; je ne considère pas cela comme un vol. » Tous les « jours, la voiture d'ambulance emportait des paquets pour

« Ysquierdo, Roger, Barré, Moullins, pour le commandant « Duprat, pour moi et pour beaucoup d'autres.

« J'ai vu Duprat faire un paquet de robes de soie et de « velours, parmi lesquelles une bleue et une jaune, en soie, « un mantelet en velours noir, orné de dentelles, etc.... » Est-ce clair ?

Dans un autre interrogatoire, le même Biorret dit :

« Duprat a soustrait un grand nombre d'effets, et je puis « certifier qu'il les choisissait lui-même, et agissait par con- « séquent d'une façon parfaitement réfléchie et volontaire. « Je l'ai vu, de mes yeux vu, maison Razzi, faisant mettre « dans un paquet robes de velours et de satin : une jaune, « une rose et une noire, je crois. J'ai aussi aperçu des boîtes « et coffrets.

« Une autre fois, Duprat est venu chercher Orsi, Mon- « neau, Dalivilliers et moi et nous a conduits dans une « autre maison. Il y avait deux pendules, l'une à *colonnes* « et l'autre en forme de borne. Comme il faisait un choix, « Barré, qui était présent, lui dit que c'était pour Ysquierdo. « Alors, on m'interpella pour la changer avec celle qui a « été saisie chez Charton. En résumé, il a personnellement « soustrait nombre d'objets et, au su et vu de tout le monde ; « n'a empêché personne d'en soustraire. »

Ecoutons Barré maintenant :

« Il a dû recevoir et s'approprier plusieurs objets, et j'ai « vu dans l'omnibus de l'ambulance des objets qui lui étaient « destinés : deux lampes et un parapluie chinois entre au- « tres. »

Et Boucher, sergent :

« Duprat ordonnait aux hommes, surtout de l'ambulance, « de piller. »

Enfin, et pour bien établir l'évidence, voici la nomenclature d'une partie des objets trouvés chez lui lors des perquisitions ou déclarés par ses complices.

Réchaud en argent. (P. V. 15.)

Divers objets rendus par la femme Quonesnon, amie de M. Daga, à Razzi.

Des robes reconnues par lui et portées à sa femme.

Pupître garni de velours. (Biorret.)

Deux lampes et un parapluie chinois, appartenant à M. Razzi.

Une pendule déposée chez l'horloger Charton. (Biorret, P. V. 12.)

Deux candélabres saisis chez Charton, appartenant au sieur Boudrot.

Une cave à liqueurs, appartenant au sieur Legrain. (Defau, P. V. 54.)

Deux coussins en satin, au sieur Daga. (P. V. 61.)

Une pendule en bronze, appartenant à la veuve Mayer, (P. V. 61.)

Deux tableaux, paysages, non reconnus. (P. V. 4.)

Un tableau au sieur Boudrot.

Monnaies anciennes, appartenant au sieur Razzi, etc.

**Roger**, dans un interrogatoire du 28 juillet, devant le commissaire de police, page 4, déclare avoir vu chez lui des coffrets, des dentelles et autres objets de prix.

Que répond Duprat à ces charges accablantes?

Il commence par mentir, et pour se décharger accuse tout doucement les autres :

« On pillait, *je l'avoue :* c'étaient surtout Ysquierdo, Biorret et Barré qui apportaient tout dans la chambre où nous couchions. Ysquierdo y venait avec le jeune Besson. Biorret a remis des objets pour moi à mon fourrier d'ordre, lequel, sans rien dire, les portait à mon domicile, à Paris. »

Quand les charges deviennent plus précises :

« Que voulez-vous? l'exemple était donné par l'état-major général; j'aimais autant que mes hommes en profitassent que d'autres. Un jour avec Orsi, j'ai accompagné le chef d'état-major Favy dans une maison. Ce dernier s'empara d'un magnifique vase en porcelaine de Chine et le fit emporter chez lui.

« A notre arrivée, j'ai fait arrêter un brancardier qui avait pris de l'argenterie; une cantinière dont la voiture contenait pour au moins 10,000 francs d'objets d'art; le tout soustrait par le 117e bataillon. J'ai fait tout porter à l'état-major général. Le colonel Favy, qui procéda au déchargement, me dit que le tout serait transporté à l'état-major général, place Vendôme, où on organisait un dépôt, de manière à rendre plus tard les objets. Jamais rien ne reparut. »

Duprat dit vrai, Messieurs, l'exemple venait de plus haut

encore que de lui ; il venait des membres de la Commune eux-mêmes : c'est l'opinion de M. le juge d'instruction Lambert des Cilleuls, qui a vainement cherché des reçus dont il connaissait l'existence. Mais cela ne peut en rien affaiblir l'odieux de la conduite de Duprat, et rien ne l'obligeait à imiter les pillards.

Nous lui reprochons, en outre, d'avoir aussi amené sa femme sur ce banc d'infamie. Mauvais époux, il la conviait aux orgies de Neuilly, la faisant asseoir à sa table avec les concubines de ses officiers, et achevait de la compromettre en la conduisant dans les maisons pillées et en lui remettant le produit de ses vols.

A tous les points de vue donc, Messieurs, Duprat mérite votre sévérité ; chef d'une bande armée en présence d'habitants inoffensifs, il a permis et encouragé des actes infâmes, il mérite l'infamie, et vous n'hésiterez pas à lui faire l'application la plus rigoureuse de la loi, reconnaissant avec M. le juge d'instruction Lambert des Cilleuls, que les faits insurrectionnels ne constituent pas l'inculpation qui domine, mais bien le pillage de Neuilly.

**Biorret**, (*Alphonse*), *sergent-major, 1re compagnie.*

Biorret (Alphonse), âgé de vingt-neuf ans, employé de commerce, a été, pendant le siége de Paris par les Prussiens, d'abord simple garde, puis lieutenant de brancardiers. Il a été rayé des contrôles de la garde nationale le 18 mars 1871. Malheureusement pour lui, pour les habitants de Neuilly et pour l'humanité, il est entré au 257e bataillon fédéré en qualité de sergent-major, dans la première quinzaine d'avril. Il a porté l'uniforme et touché la solde, et, en fait d'armes, a eu au moins un revolver, ce que l'accusation établira plus tard. Il n'a pris part à aucun fait militaire, ayant accepté dit-il, le grade de sergent-major pour ne pas faire de service actif et poussé par la nécessité. Si on le trouve à Neuilly, c'est qu'il a été contraint de marcher par le commandant. Son bilan d'insurgé est peu chargé, mais il a un autre compte plus sérieux à régler avec la justice ; Biorret a été le principal instigateur des crimes de Neuilly ; c'est lui qui, le revolver au poing, allait à la maraude, et qui, selon l'expression saisissante de M. Razzi, était l'éclaireur-voleur de la bande.

Naturellement Biorret nie ; il prétend que, s'il a pillé, c'est que les portes étaient déjà ouvertes, et qu'il n'a fait que suivre l'exemple de son commandant et de son capitaine. Nous démontrerons aisément le contraire, et prouverons que Biorret a été certes le plus mauvais génie du 257e bataillon et des habitants de Neuilly. Tout ce qui a été pris en sa possession lui aurait été donné par les coaccusés, dit-il ; il désire, désir bien superflu de sa part, que tous les objets pris soient rendus à leurs propriétaires.

Notre malheur à tous, ajoute-t-il hypocritement, a été de nous laisser entraîner à boire outre mesure. Nous avions tous plus ou moins la tête perdue, *moi* surtout, qui n'y étais pas habitué, et c'est sous l'empire de cette surexcitation que nous avons commis les actes dont, pour mon compte, j'aurais été incapable à l'état normal.

Pauvre Biorret, mais ce qu'il ne dit pas, c'est que, s'ils ont tant bu, c'est grâce aux provisions considérables de liquides que contenaient les caves des sieurs Daga, Razzi, Ferrand et Masson, que sa compagnie a pillées. Donc ce serait un premier vol qui aurait entraîné les autres, singulière atténuation des crimes qui lui sont reprochés. Ils sont si nombreux et si divers, qu'il faudrait admettre que son ivresse a été permanente du 10 mai au 22.

Les preuves abondent pour établir la culpabilité de Biorret, et ses coaccusés et les habitants de Neuilly intéressés sont unanimes pour le représenter comme le plus coupable.

On a retrouvé à Fontenay-le-Comte, chez les parents de sa femme où il s'est réfugié après les événements, une caisse expédiée par lui et contenant des objets volés. Il y avait entre autres : une montre (1) appartenant à Mlle Ferrand, et suspendue à une chaîne qui appartenait à sa mère ; des couteaux à manches blancs, appartenant aux époux Ferrand, etc. Il aurait également volé une épée de sénateur, à poignée acier et or, et un revolver au sieur Razzi ; des rideaux en damas vert, pris au 1er étage d'une maison de la rue Pérard ; des rideaux couleur chamois ; une

(1) Il se l'était fait adresser sous le nom de Tarissant, nom d'un aïeul paternel de sa femme.

corbeille en marbre et bronze; deux pendules; un châle de prix estimé 1,800 francs appartenant au sieur Razzi, etc.

Biorret donne les explications suivantes : l'épée lui aurait été donnée par Entremont, contumax; le revolver acheté au même Entremont aurait été prêté à Lieutaud qui l'aurait emporté chez lui, ce que peut attester Bazile. Les rideaux provenaient d'un lot tiré entre *Monneau, Dalivilliers, Desdouets, Chabry* et *lui*. Depuis il nie cette dernière déclaration.

Les pendules ont été déposées chez un horloger du nom de Charton, qui nous paraît coupable de recel, bien qu'il ne soit pas poursuivi. Ami de l'accusé, Charton ne s'est pas conformé à la loi, qui lui enjoint d'inscrire sur son livre de commerce les objets qui lui sont ainsi confiés. Il prétend que, s'il ne l'a pas fait, c'est que Biorret l'en a prié. Il ajoute que l'accusé lui a dit les avoir achetés, ce qu'il a cru d'autant plus facilemeut qu'il l'a vu en possession de sommes relativement considérables. — *Cayla*,autre ami de Biorret, a confirmé ce fait devant le juge d'instruction.

Les pendules, dit l'accusé, lui avaient été confiées par Duprat et Ysquierdo; la femme du premier devait venir en chercher une. Ysquierdo étant mort n'a pu prendre l'autre.

Enfin, une troisième pendule saisie chez Charton lui était destinée, et une quatrième appartenait à Moulins.

Ceci est faux en grande partie, et il est acquis à l'accusation que Biorret, au contraire, était l'instigateur de ces vols.

**Biorret** nie avoir pris le châle de Mme Razzi; or Lieutaud lui donne à ce sujet un démenti formel. Voici ce que dit Lieutaud :

« Un matin, avant le rapport, j'ai dit à Biorret qui avait « en mains quelques objets : Donne-moi donc quelque « chose. Il m'a répondu : Fais comme moi, va dans les « maisons. J'ai pris un cachemire qui vaut bien 1,500 francs, « mais je l'ai fait partir pour qu'on ne me joue pas le tour « comme l'autre fois. J'avais six jumelles : j'en ai donné « une à *Périllat;* on m'a pris les autres. »

D'autre part, *Périllat* nous apprend que le garde Lemoyne contumax a porté deux pendules chez Biorret.

**Pons** (Louis), dépose : « Cinq ou six jours après la rentrée « des troupes à Paris, le nommé *Biorret* (*Alphonse*), m'a « prié de recevoir chez moi et de lui garder momentané- « ment la vasque et deux lampes saisies depuis, prétendant « qu'il *déménageait et qu'il était encombré.* J'ai voulu les « lui rendre, en soupçonnant l'origine, mais il était parti. « Je me défiais de Biorret; mon seul tort est de ne pas l'a- « voir dénoncé. » (Cette déclaration a été renouvelée à l'audience.)

J'arrive à l'accusation la plus grave portée contre Biorret : l'arrestation avec menaces de mort du sieur Masson, limonadier à Néuilly; celle de la veuve Chapellier; de la veuve Bazot et de la veuve Mayer. Voici les diverses dépositions des victimes :

**Masson**. — « J'étais à dîner, le mardi 16 mai, chez la « veuve Chapellier, quand Biorret que je reconnais parfai- « tement, est entré le revolver au poing avec le capitaine « Monneau et deux gardes, et nous a dit qu'il fallait partir « immédiatement. Il m'a même appelé par mon nom, ce « qui m'a fort étonné. J'ai voulu résister; mais il l'a pris « de très haut, et m'a menacé de son revolver. Comman- « dant à la place de Monneau, il a dit à un de ses hommes « de faire feu si je résistais. Monneau nous a engagés à « partir, mais poliment. On m'a arrêté, emmené à l'état- « major en me brutalisant et en m'injuriant. Biorret me « menaçait constamment de me faire fusiller, et j'ai passé « vingt-quatre heures dans une cave. Pendant mon absence, « tout a été pillé chez moi. »

Veuve **Chapellier** confirme cette déposition et ajoute que Biorret avait l'air pressé, leur avait dit de descendre à la cave leur linge et leur vin et de fermer les portes. « Quand « nous sommes revenus, linge et vin avaient disparu. »

Veuve **Bazot** et veuve **Mayer** confirment ces dépositions, elles ont été victimes des mêmes procédés.

M. le Président pourra, s'il le juge à propos, poser, comme résultant des débats, la question subsidiaire de tortures corporelles, ce qui résulte des déclarations des femmes Chapellier, Bazot et Mayer, obligées, disent-elles, de gagner l'état-major sous la pluie de mitraille qui tombait sur Neuilly.

Tels sont, Messieurs, les crimes reprochés à Biorret et pour la répression desquels nous faisons aussi appel à toute votre sévérité. Ici encore, vous laisserez de côté l'insurgé, pour ne punir que le voleur, le bandit. Les articles 440, 442, 341 et 354 sont les seuls qui, à notre avis, lui sont applicables.

Antérieurement Biorret a subi quinze jours de prison pour abus de confiance.

**Monneau,** *capitaine de la 1re compagnie.*

Monneau est veuf avec quatre enfants, et âgé de cinquante-huit ans.

Sous la Défense nationale et le commencement de la Commune, il était simple garde, le 1er mai 1871, il a été élu capitaine à la 1re compagnie de marche. Il a été à Clichy, à Asnières et à Neuilly, où sa compagnie était aux avant-postes, et a pillé les maisons où elle était cantonnée.

Monneau dit avoir empêché ses hommes de tirer, ce qui est invraisemblable. Il a porté la tenue de son grade, touché la solde et était armé d'un sabre et d'un revolver.

Une grande responsabilité pèse sur Monneau en raison des crimes commis à Neuilly; car il paraît avoir abdiqué son autorité en faveur de son sergent-major Biorret qu'il accompagnait partout, soit pour voler, soit pour expulser les habitants. Moins cruel et moins brutal que lui, il expulsait poliment et pillait ensuite ses victimes. Nous le voyons avec Biorret, chez le sieur Masson, la veuve Chapellier, la veuve Mayer et la veuve Bazot.

Beaucoup d'effets volés ont été retrouvés à Juvisy, chez la femme Jubin, sa concubine. Dans un premier interrogatoire, il nie effrontément et dit que, s'il avait connu les coupables, il les aurait fait arrêter. On lui représente les objets saisis et reconnus par leurs propriétaires; il nie quand même et malgré l'évidence. On lui représente une couverture saisie et appartenant au sieur Ferrand, médecin. Il prétend qu'il l'a achetée il y a quinze ans. On lui présente un carnet sur lequel figure le nom de son sous-lieutenant Desdouets, il ne le reconnaît pas, etc.

Dans un deuxième interrogatoire, on veut le confronter avec sa maîtresse, la femme Jubin. Il ne veut pas; il va tout avouer, dit-il : « J'ai fait bien des réflexions. Tous ces objets viennent bien de Neuilly et ont été portés par Desdouets, Biorret, Dalivilliers et le fourrier Chabry. » — La vérité en ce qui concerne cette dernière déclaration, c'est que Desdouets, Biorret, Dalivilliers, Chabry et Monneau auraient apporté des objets volés à l'état-major, auraient fait cinq lots de leur butin, et que c'est le cinquième qui lui serait échu, que Monneau aurait confié à la femme Jubin.

On présente à Monneau une couverture en coton pelucheux appartenaut à la veuve Mayer, il prétend qu'elle vient de sa femme, décédée le 2 février 1859 ; on lui représente également divers autres objets, écharpes en cachemire, serviettes ouvrées, draps, napperons, etc., reconnus par les femmes Boucher, Lepoitevin et le sieur Daga ; il répond : « C'est très-drôle. »

Ce qu'il y a de moins drôle et ce qui prouve son impudence, c'est qu'en ce qui concerne le carnet portant le nom de Desdouets et qu'il ne reconnaît pas, Desdouets, interrogé, répond : « Je venais de prendre ce carnet et d'y inscrire mon nom, quand Monneau me l'a demandé et je le lui ai donné » ; c'est qu'en ce qui concerne les paquets confiés à Angot pour les porter chez lui, il nie absolument, quand Barré affirme que c'est tellement exact, qu'il lui a refusé la permission qu'il lui demandait pour cela et qu'il ne l'a donnée que sur l'ordre d'Ysquierdo.

Enfin, on a trouvé chez sa fille, la femme Genillon, un talma appartenant à Mme Razzi et un lorgnon appartenant à la fille Baptier.

En résumé, Monneau a exercé un commandement dans le 257e bataillon fédéré et participé à tous les actes insurrectionnels de ce bataillon qui, placé aux avant-postes, avenue de Neuilly, a été cantonné dans les maisons Daga, Razzi, Ferrand, Masson, Mayer, Bazot, etc., dont les propriétaires ont été expulsés, et qui toutes ont été pillées ; les témoins affirment que, dans la perpétration de ces actes, Monneau accompagnait Biorret (Alphonse) ; dès lors sa culpabilité est parfaitement établie.

En conséquence, invoquons contre Monneau, d'autant plus coupable qu'il était chef, la sévérité du Conseil et une application rigoureuse des articles de loi qui répriment les crimes dont nous l'accusons.

**Barré** *(Paul-François), sous-aide-major au 257e bataillon fédéré.*

Barré, âgé de trente et un ans, est marié et père d'un enfant.

Le 18 mars 1871, il se trouvait sergent au 79e bataillon de la garde nationale; il refusa de servir et fut révoqué ; le 30 avril, on serait venu, dit-il, pour l'arrêter comme réfractaire au café Tivoli. Alors, pour ne pas combattre, il serait entré comme sous aide-major au 257e bataillon fédéré. Or, Barré est tailleur de son état, et sa nomination à cet emploi est un de ces problèmes dont la Commune avait seule le secret. Barré portait le costume de sous-lieutenant avec une casquette d'ambulance ; il n'était pas armé. Il a touché la solde de son grade.

Selon l'accusation, qui prouvera ce qu'elle avance, Barré a été également un des principaux auteurs des pillages ; selon lui, il est tellement innocent que, révolté de la conduite des voleurs, il s'est attiré leur haine. Faisant allusion aux orgies, principale occupation des guerriers du 257e bataillon, il dit qu'un jour, à Neuilly, on prenait le champagne, que tous les officiers étaient invités à ces libations, à l'exception de lui et d'Ysquierdo. Il était venu avec Barrier, sergent d'ambulance, et Réné, le cuisinier, pour chercher des drogues. Les officiers présents s'opposèrent à ce qu'ils emportassent des bouteilles d'eau de Contrexeville qu'ils prenaient pour des vins fins. Ils prirent pour juge le capitaine Monneau qui leur dit : Emportez ce que vous voulez, cela nous est bien égal ; seulement, tous les jours, vous faites de l'opposition pour emporter *notre petit butin* et ce n'est pas bien entre camarades. » Barré aurait alors déclaré à Monneau, Desdouets et Dalivillers, qui étaient présents, que n'emportant rien pour lui, il n'acceptait pas la responsabilité pour eux, et ils se seraient quittés en mauvaise intelligence.

Il n'y a de vrai dans ce récit que les réflexions de Monneau qui, érigé en juge, rendit un jugement qui atteste qu'à l'exemple de Salomon il était réellement partageux. « Prenez et emportez, je ne demande pas mieux ; mais laissez nous emporter ce que nous prenons. »

Or Barré, comme sous-aide-major, disposait de la voiture

d'ambulance qui allait deux ou trois fois par jour à Paris, et Gouillon, le cocher, nous explique parfaitement les reproches que lui aurait adressés Monneau, et nous fixe complétement sur sa parfaite moralité et son désintéressement. Voici ce que dit Gouillon :

« Je faisais le voyage avec l'omnibus au moins deux « fois par jour. Il y avait toujours peu ou pas de blessés « et beaucoup de paquets. Roger était un de ceux qui en « mettaient le moins, Ysquierdo et Barré étaient les plus « acharnés. *Barré,* furieux de mes observations, m'a plu- « sieurs fois menacé de la cour martiale. J'ai tant fait de « transports de ces objets volés, qu'il ne me serait plus pos- « sible aujourd'hui de préciser. » Puis vient l'historique des itinéraires de l'omnibus d'ambulance, et le récit des comédies infâmes imaginées pour franchir les barrières.

Pour affaiblir sa culpabilité, Barré reconnaît avoir pris des objets, mais à l'état-major, rue Peyronnet ; il veut ainsi échapper à l'accusation de pillage ; il savait, dit-il, que ces objets provenaient de la maison Razzi, mais s'était laissé entraîner par Ysquierdo, qui ne peut protester (il a été fusillé).

*Desdouets* nous apprend qu'il employait aussi Rodolphe aîné à transporter des objets de toute sorte à Paris.

Enfin, une indiscrétion du fils de Barré nous a mis sur une piste que malheureusement nous avons abandonnée. Cet enfant, interrogé par M. Razzi, l'une des victimes du pillage de Neuilly, lui aurait parlé d'un commandant Barberet qui était souvent en compagnie de son père et d'un nommé Gouvenot.

Nous sommes dès à présent fixés complétement sur les relations de Barré et de Gouvenot et de leurs maîtresses, Elise Corbet et la fille Roucan ; mais nous n'avons que de fortes présomptions sur celles de Barberet. — Cet enfant, évidemment, dit la vérité ; Barberet et Barré ont intérêt à le cacher.

D'autre part, Orsi nous signale Barré comme ayant transporté des objets à Montmartre, et notamment des ouvrages de Buffon et une coupe surmontée d'un oiseau.

La fille Roucan nous dit :

Barré est venu m'apporter deux cadres vides dorés, et deux gravures encadrées ; en plus deux volumes reliés en peau rouge, qu'il me pria de lui garder provisoirement. Je lui rendis le lendemain ou le surlendemain.

*Grosmaire, concierge d'Ysquierdo*, nous dit : « Le 27 mai, « le sieur Gouvenot, greffier de la justice de paix du « 17e arrondissement, s'est présenté avec Barré portant un « panier et un sac contenant les objets énumérés dans les « procès-verbaux. J'ai refusé de les recevoir et proposé de « les porter au commissaire de police, ce qui a été fait, « mais Barré s'est esquivé (1). » (Triste rôle de Gouvenot.)

Biorret aussi nous dit :

« Barré, en ma présence, a fait une collection de livres, « emporté deux vases à fleurs, n'a jamais fait décharger « des objets m'appartenant de l'omnibus. La vérité est qu'il « a refusé de laisser charger des objets pour mon compte, « parce qu'il était déjà encombré, notamment par deux ma- « telas. » Or, il se trouve que Barré a donné un matelas volé à son concierge.

L'attitude de Barré, pendant sa détention à Saint-Cloud, m'a surabondamment prouvé qu'il était plutôt un gaillard à mener les autres qu'à se laisser mener : il a même essayé de l'intimidation pour inspirer à un coaccusé une défense qui pût aussi le servir. Ainsi, après avoir perfidement accusé le jeune Besson en disant :

« Parmi les auxiliaires d'Ysquierdo se trouvait en pre- « mier rang le jeune Besson qui était, si on peut dire ainsi, « *l'ombre d'Ysquierdo*. Il le suivait toujours et partout ; ils « emportaient ensemble des paquets et dans le nombre s'en « trouvait bien une petite part pour Besson. »

Il n'a pas rougi de lui reprocher la franchise de ses aveux et de lui remettre par écrit un système de défense dans lequel il n'oublie pas de se décharger.

Cet écrit, surpris par la mère à son fils, m'a été remis par elle et est pour moi une preuve irréfutable de la ruse de Barré et de son odieux caractère.

Sa dénonciation à lui qui menace les dénonciateurs, aura servi à nous confirmer dans cette opinion, que Besson ayant été l'ombre d'Ysquierdo, dit vrai, quand il dit :

---

(1) Ysquierdo avait été tué le 23, et c'est le 28 que Barré, aidé de Gouvenot, opérait ce transport.

« C'étaient toujours Ysquierdo, Biorret, Barré et Roger « qui se partageaient les objets volés, dans la cave. »

Quand j'aurai ajouté qu'il a été volé des violons ou autres instruments de musique chez M. Daga, et qu'il nous a été affirmé que l'omnibus de l'ambulance a transporté un jour à Paris des violons et des cornets à piston, j'aurai ajouté aux charges réelles qui pèsent sur Barré la présomption d'un autre vol, car il est musicien et avait dès lors un certain intérêt à s'approprier ces objets.

Je recommande aussi Barré à votre sévérité ; j'avais d'abord cru à un repentir sincère de sa part, mais j'ai pu me convaincre que ce n'était qu'une comédie de cet homme rusé et pervers.

**Roger** (*Alexis-Eusèbe*), *chirurgien aide-major au 257e bataillon.*

Roger, âgé de trente-huit ans, est marié et père de deux enfants. Il était, pendant la Commune, chirurgien aide-major au 257e bataillon, et sa nomination nous surprend moins que celle du tailleur Barré, puisqu'il avait occupé dans l'armée l'emploi d'infirmier-major. Il avait, du reste, pendant le siége, occupé ce même emploi au même bataillon, puisque sa nomination remonte au 10 septembre 1870; il n'a fait que continuer après le 18 mars. Il a porté le costume et les insignes de son emploi et touché la solde et les vivres.

Roger prétend avoir cessé ses fonctions après l'armistice et ne les avoir reprises que contraint, après la sortie des fédérés contre le Mont-Valérien.

Resté à Paris pour garder la maison de son patron, il n'avait pu se soustraire aux menaces des fédérés.

Très-lié avec Duprat, Ysquierdo et Barré, vivant avec eux, comme faisant partie de l'état-major, Roger devait nécessairement succomber aux mêmes tentations. Toutefois, nous dit Biorret (Alphonse), et il doit le savoir, c'est celui de l'état-major qui volait le moins ; au commencement, il gourmandait même les pillards, nous disent Lieutaud et Orsi.

Mais il n'en a pas moins volé divers objets, puisque Gouillon, le conducteur de l'omnibus, nous affirme avoir déposé divers paquets chez lui. On a saisi chez lui un tapis espagnol appartenant à M. Razzi ; Roger a d'abord soutenu qu'il lui appartenait; mais, malgré quelques transformations qu'on lui avait fait subir, M. Razzi ayant signalé d'abord, puis cherché et retrouvé une tache qui existait sur son tapis, le doute n'a plus été permis.

Roger alors a insinué que ce pourrait bien être Ysquierdo qui aurait changé celui qui lui appartenait et qui lui venait d'un sieur Mayence, dentiste, rue d'Arcet, n° 11, contre celui de M. Razzi. — Ce récit nous paraît invraisemblable, et Ysquierdo n'est plus là pour nous éclairer.

Roger aurait aussi volé une suspension; c'est Besson qui nous le déclare.

Biorret nous dit aussi qu'il l'a vu à la maison Razzi avec Duprat et la fille Dellières; qu'il a pris et emporté beaucoup de livres.

A toutes ces charges, Roger répond que, menacé par Ysquierdo, il a obéi; il avoue avoir reçu en dépôt d'Ysquierdo et de Barré des objets dont il connaissait l'origine frauduleuse, et n'aurait pris pour lui-même qu'un étui valant cinq centimes.

Il a eu le tort, dit-il, de confier ses clefs à Ysquierdo, qui y déposait les objets qu'on a saisis chez lui.

Nous n'acceptons qu'en partie les dires de Roger; il y a du vrai et du faux dans ses allégations. La vérité est qu'il a subi l'influence du milieu dans lequel il vivait, et que, dans cette période malheureuse, il a perdu le bénéfice d'une vie honnête jusque-là. — Il a pris des objets lui-même, cela est incontestable, Gouillon nous le prouve; il en a recélé sciemment, puisqu'il nous déclare qu'il n'ignorait pas l'origine frauduleuse; il est donc coupable, bien qu'à un degré moindre que ceux qui précèdent.

Il a en outre le tort de ne pas être franc, en niant, ce qui ne peut être nié, les orgies qui se faisaient à Neuilly, et cela parce qu'à l'une d'elles et pour affirmer l'égalité parfaite proclamée par les fédérés, il dansait avec le cuisinier Michaud.

Ses antécédents militent en sa faveur; il est resté vingt ans chez M. Bygrave, dentiste, qui nous a fourni sur lui les meilleurs renseignements, ainsi que M. Jubineau, chef de division au ministère de l'agriculture.

**Bazyle,** *capitaine au* 257e *bataillon fédéré.*

Bazyle, âgé de trente-neuf ans, est marié et père d'un enfant. Il était capitaine au 257e bataillon pendant le siége, et a continué sous la Commune, contraint, dit-il, par son commandant d'alors, le nommé Gérardin. Il n'en est pas moins vrai qu'il a participé à tous les actes insurrectionnels de son bataillon; qu'il est allé à Levallois-Perret et à Neuilly; que sa compagnie a défendu la barricade d'Inkermann, bien qu'il prétende aussi qu'elle a tiré malgré sa défense.

Il a porté les insignes de capitaine, et a été armé d'un sabre et d'un revolver; il a touché les vivres et prétend n'avoir pas touché de solde. Si ce n'est par intérêt, ce serait donc par conviction qu'il aurait servi la Commune.

Comme tous les accusés présents, Bazyle nie sa participation directe au pillage. Les objets saisis chez lui ou en sa possession ont été apportés par des êtres inconnus ; ne pouvant s'expliquer lui-même leur présence, il ne peut naturellement nous donner d'explications plausibles.

Toujours est-il que nous l'accusons d'avoir soustrait plusieurs tableaux, deux flambeaux en bronze, et quelques volumes.

L'un de ces tableaux a été vu en sa possession par Biorret, auquel il n'a pas voulu en dire l'origine ; mais, dit Biorret, qui s'y connaît, je ne m'y suis pas trompé.

Weill, le Cuirassier, nous dit qu'il l'a entendu, un jour, menacer Biorret de le dénoncer, s'il ne partageait pas avec lui les objets qu'il emportait, et nous pensons qu'il dit vrai, car les tableaux saisis chez Biorret et chez Bazyle composent une même série appartenant au sieur Boudrot.

Ainsi confondu, Bazyle cherche à rejeter la responsabilité sur Ysquierdo, qui ne peut protester. — Il partageait, dit-on, ses vols avec Gamel, un de ses sergents. — Il nie naturellement.

La Commune aura aussi eu ceci de fatal pour Bazyle, qu'elle lui aura fait perdre le bénéfice d'une carrière jusque-là honorable et honorée.

Après quatorze ans de bons services dans l'armée, il l'avait quittée emportant d'excellents certificats et la médaille militaire. Vous ne pourrez laisser sur sa poitrine plus longtemps ce signe de l'honneur qu'il a si gravement méconnu, et vous lui infligerez une peine qui ne permette pas désormais de le confondre avec les braves et les honnêtes gens. Il m'est pénible, je l'avoue, de faire ainsi appel à votre sévérité contre cet homme : mais, quand une nation s'affaisse moralement comme la nôtre, il ne faut ni de faiblesse ni de demi-mesures, il faut mettre de côté le sentimentalisme et agir virilement en vue de la régénération commune.

**Gamel** (*Pascal*), *sergent au 257e bataillon.*

Gamel, âgé de vingt-trois ans, est célibataire. C'est à tort qu'on l'a dit frère utérin de Lieutaud, dont il n'est que le compatriote, habitant le même village. Il a servi la Commune en qualité de sergent au 257e bataillon et a participé aux actes insurrectionnels de la Commune, entre autres à la défense de la barricade d'Inkermann, ce qu'il avoue.

Il résulte de l'instruction que Bazyle et Gamel volaient ensemble, et partageaient le fruit de leurs vols.

**Moulins** (*Eugène-Benjamin*), *porte-drapeau au 257e bataillon.*

Moulins (Eugène-Benjamin), âgé de quarante-huit ans, est marié et n'a pas d'enfants; il exerçait la profession de comptable; il est l'amant de la fille Dellière, qu'il a ou qui s'est fortement compromise dans les mêmes événements. Il aurait été élu porte-drapeau du 257e bataillon le 26 septembre et aurait conservé ce grade jusqu'au 25 mars. N'ayant pas été réélu, il avait été attaché avec son grade à l'officier payeur du bataillon et portait la solde à Neuilly, tous les jours. — Inutile de dire qu'il touchait la sienne et portait le costume de sous-lieutenant. — A son dossier figure un bon pour un revolver qu'il dit n'avoir pas touché. — Moulins prétend qu'il a toujours été contraire à la Commune; nous opposons à ses dires une protestation signée de lui, demandant l'expulsion du lieutenant Daudouan ou Douadon, pour ivresse continuelle. Il eût bien fait de se montrer aussi sévère à l'égard de sa maîtresse, à laquelle on reproche le même vice.

Moulins prétend en outre avoir cessé ses fonctions le 15 mai; il eût été bien inspiré en les cessant encore plus tôt, car il n'eût pas été à Neuilly et n'aurait pas à rendre compte des vols dont nous allons l'accuser.

J'abandonne comme fait insurrectionnel à son bilan,

d'avoir menacé de faire occuper la maison du sieur Morin, maître d'hôtel, par cinquante-quatre gardes nationaux, puisque le sieur Carrichon n'a pas eu le courage de persévérer dans ses déclarations.

J'arrive aux vols.

Il a pris et donné à sa maîtresse, la fille Dellière, camées, broches, chaînes de montre, médaillon en or, ceinture en soie rouge, etc.

Il prétend que ces objets lui avaient été donnés par Weil dit le Cuirassier contumax, qui a nié énergiquement devant M. le juge d'instruction, disant que Moulins et sa maîtresse n'avaient pas besoin qu'on volât pour eux, qu'ils savaient bien le faire pour eux-mêmes.

Desfaux, son fourrier, nous apprend qu'il portait les paquets d'effets volés par Moulins et sa maîtresse, sachant bien ce que c'était, mais n'osant pas désobéir à son chef.

Les renseignements donnés sur lui par le commissaire de police lui sont défavorables.

Moulins aurait en outre un jour déposé son drapeau pour faire le coup de feu.

### **Orsi** (*Joseph-Adolphe*), *adjudant sous-officier au 257e bataillon.*

Orsi est âgé de quarante-quatre ans ; il est veuf et a un enfant. Il exerce la profession de chaudronnier. Pendant le siége de Paris par les Prussiens, il avait fait partie des compagnies de marche et refusé, dit-il, le grade de capitaine.

Au 18 mars, forcé par le besoin, il aurait accepté les fonctions d'adjudant. C'est en cette qualité qu'il a participé à tous les actes insurrectionnels de son bataillon jusqu'à sa dissolution. — Il a porté la tenue d'adjudant et touché la solde de ce grade, plus les vivres. Comme armes, il avait le sabre et le revolver.

Orsi est aussi assez gravement compromis dans le pillage de Neuilly auquel il n'aurait pris, dit-il d'abord, aucune part.

Or, Biorret l'accuse avec raison d'avoir accompagné souvent Duprat à la maison Razzi et d'avoir notamment pris deux tableaux, choisis entre plusieurs, et après les avoir consultés sur le choix à faire. — Le fait est vrai et nous en trouvons la confirmation dans la déposition de la veuve Pinotier, qui nous dit :

Au moment où les troupes sont rentrées dans Paris, une fille, la fille Dellière dite femme Moullins, est venue se réfugier pendant vingt-quatre heures chez les époux Roger, habitant la maison dont je suis concierge. Le lendemain, elle était dans le vestibule, quand le nommé Orsi est arrivé et lui a réclamé des tableaux; elle a répondu qu'elle ne savait pas ce que cela voulait dire.

Cette déposition est amenée par une déclaration de la fille Corbet, disant que les deux tableaux avaient été déposés sur le lit de la femme Pinotier.

Cette femme ajoute : Je n'ai pas vu ces tableaux et il est faux qu'on les ait déposés sur mon lit.

La vérité est que, confondue par la fille Dellière qui a vu Orsi les apporter enveloppés dans une flanelle violette, et les déposer sur le lit de la concierge, poussée à bout par Orsi qui avoue enfin que c'est vrai, qu'il les a apportés pour Roger, elle avoue qu'elle les a brûlés.

La responsabilité du vol n'en reste pas moins à Orsi.

Il a pris également deux verres de Bohême, qu'il dit avoir reçus de Barré, ainsi qu'un encrier en porcelaine figurant un cheval.

Barré le signale aussi comme ayant pris un tableau signé Julie Razzi. Orsi repousse cette accusation.

Barré, du reste, le signale comme allant à la maraude avec Biorret, et raconte à l'appui de son dire l'anecdote suivante :

Un jour, Orsi et Biorret firent allusion à des gens qu'on avait expulsés pour mieux les voler ensuite, et qu'on avait conduits à l'état-major pour leur faire délivrer des laisser-passer et s'en débarrasser en les dirigeant sur Paris. L'une de ces personnes étant blessée, Orsi aurait alors fait des remontrances à Biorret, en lui disant : Mais nous ne pouvons les laisser là.

Cette anecdote de Barré nous prouve ce que nous avons été à même de constater plus tard, qu'Orsi a été dévoyé par son entourage et qu'il n'est pas un criminel endurci.

Orsi a pris également un volume de Molière qui n'a pas été reconnu.

Desdouets, fort en colère de certaines révélations d'Orsi,

l'accuse vivement : « Je l'ai vu entrer dit-il, dans un hôtel « situé dans une petite ruelle avec Duprat, Biorret, etc., « et en ressortir avec des paquets. Il accompagnait toujours « la fille Corbet, entre autres, un soir qu'elle emportait « une machine à coudre. Barré était avec eux ; l'un portait « la machine à coudre, l'autre un grand vase de couleur « blanche opaque ; Orsi tenait d'une main un second vase « en même temps qu'il aidait Barré à porter un grand pa- « nier à anses, rempli d'objets. »

Enfin, vient l'histoire des deux rideaux de M. Razzi.

Orsi était dans la maison de ce dernier avec le commandant Duprat, Mougès et d'autres, quand les rideaux en laine d'une chambre attira leur convoitise. Duprat leur dit, rien n'est plus simple, s'ils vous plaisent, prenez-les.— Les rideaux furent emportés ; Mougès en a rendu une paire, l'autre est encore à trouver, on l'attribue à Orsi, qui nie l'avoir prise ; j'avais, dit-il, plus besoin de chemises que de rideaux.

Voilà toutes les charges qui pèsent sur Orsi, et, quand nous aurons ajouté qu'il a été dans le temps condamné à trois mois de prison pour port illégal de décoration et usurpation de fonctions, nous aurons complétement énuméré tout ce qui lui est défavorable.

Nous devons ajouter que, saisi de repentir, Orsi a non-seulement restitué les objets qu'il avait soustraits personnellement, mais aidé puissamment les victimes du pillage à rentrer en possession de ceux qui l'avaient été par ses coaccusés. Il a prêté une assistance réelle au commissaire de police, et témoigné un certain courage en l'accompagnant, ainsi que M. Razzy, chez les voleurs. Malheureusement son arrestation prématurée l'a empêché de rendre plus de services.

Certes, ce que j'ajoute là ne peut l'absoudre complétement et d'avoir pris une part active aux actes insurrectionnels de la Commune et du pillage, mais pourra motiver l'indulgence relative de ses juges.

**Desdouets**, *sous-lieutenant au 257e bataillon.*

Desdouets est âgé de trente-trois ans ; il est marié et père de deux enfants. Au commencement de la Commune, il était sergent ; le 6 mai, en récompense probablement de ses bons services et de la confiance qu'il inspirait à ses camarades; dont vous pouvez dès à présent apprécier la moralité, il fut promu au grade de sous-lieutenant. — Il a participé à tous les actes insurrectionnels de son bataillon et surtout à ceux de la 1re compagnie dont il était le sous-lieutenant. Desdouets nous a été aussi signalé comme un des initiateurs du pillage. Bien entendu, il nie, et dit au contraire qu'il était indigné de voir tous les sacs des gardes bondés d'effets volés; qu'il voulut s'y opposer, mais qu'il était impuissant.

Or, indépendamment des accusations portées contre lui par ses coaccusés, nous lui opposons les objets saisis en sa possession.

Desdouets est un des cinq qui, avec Biorret, Dalivilliers, Monneau et Chabry, ont tiré au sort des lots préparés. Il lui est échu en partage un paletot, des bottines, huit chemises de femme, trois draps de lit, deux jupons, quatre taies d'oreiller. — Sa mauvaise étoile lui fit déposer son lot à l'ambulance, où on le lui vola, ce qui n'est pas étonnant, vu son personnel. Pauvre Desdouets, il partagera ainsi le sort du voleur du nez de l'invalide. Aussi malheureux que lui, il subira les conséquences de son vol sans en avoir eu le profit. — Barré le charge beaucoup : il l'accuse d'être allé tous les jours à Paris, chargeant l'omnibus des effets qu'il volait. Il cite entre autres un jour où il s'est disputé avec le sergent Boucher, qui, par ordre, faisait décharger les paquets ; il avait ce jour-là une valise qu'il avait prise.

Barré l'accuse aussi d'avoir pris un garde-feu bronze et aluminium.

Biorret l'accuse d'avoir pris un éventail.

En résumé, Barré dit, il prenait des paquets. Weill, Dalivilliers et Orsi, qu'il prenait beaucoup de paquets.

J'oubliais un châle pris en sa possession, qu'il dit lui avoir été donné par Boucher, et un carnet saisi chez la femme Jubin, sur lequel figurait son nom et qu'il dit lui venir d'Entremont.

Desdouets prétend qu'il est victime d'une vengeance de Barré, parce que, après le vol de son paquet à l'ambulance, il avait donné l'ordre au sergent Boucher de ne rien laisser mettre sur l'omnibus.

Nous ne sommes pas dupe de cette prétendue vengeance,

et nous appuyant sur les nombreuses charges qui pèsent sur Desdouets, indépendamment des révélations Barré, le recommandons à votre sévérité.

**Liétaud** (*Edouard*), *sergent-major au 257e bataillon.*

Liétaud a vingt-sept ans, il est célibataire, et est employé de commerce. Il était sergent-major depuis le mois de février 1871 ; il a continué sous la Commune. Il nie avoir jamais fait de sorties, ni avoir été armé ; il nie avoir contribué à la défense de la barricade avec Gamel, son soi-disant frère utérin, et d'avoir dissipé l'argent de sa compagnie.

Il ne nous donne aucune preuve de ses dires, tandis que l'accusation le trouve à Neuilly, le trouve un jour à la barricade d'Inkermann lors de l'incident Serpe et Dellière; quant à la dissipation des fonds de sa compagnie, c'est le sieur Cormier qui l'en accuse. (Le fait n'a pas été établi.)

Liétaud a aussi participé aux vols commis à Neuilly.

Biorret accusé d'avoir soustrait un pistolet de prix à M. Razzy, déclare l'avoir remis à Gamel, qui l'aurait donné à Liétaud.

Bazyle déclare l'avoir vu chez lui. Liétaud nie, et le pistolet ne se retrouve pas.

Pouget l'accuse d'avoir pris un châle dans le logement de la 2e compagnie, et précise, car s'adressant à Liétaud devant le juge d'instruction, il lui dit :

« Je vous l'ai vu prendre sur le chevalet, dans la pièce où nous nous trouvions tous réunis, et vous l'avez emporté sous votre tunique. »

Liétaud nie, et nous le comprenons.

On a aussi trouvé en sa possession des pièces de monnaie qu'il dit lui avoir été données par Leccardi.

Liétaud témoigne beaucoup de repentir ; il a aidé le commissaire de police dans les recherches des objets volés, mais notre avis est qu'il en sait plus long qu'il n'en dit. Toutefois on lui doit compte de ses quelques révélations ; il ne nous paraît pas du reste aussi criminel que la plupart de ses coaccusés; il n'en est pas moins coupable, et si d'une part il mérite votre indulgence, il n'en doit pas moins être puni.

**Defaux** (*Jules-Louis*), *fourrier au 257e*.

Defaux est âgé de trente ans et célibataire. Il a servi la Commune, d'abord comme sergent secrétaire de l'officier payeur, puis comme fourrier d'ordre, secrétaire du commandant. Il n'a pas été armé, dit-il ; il a touché la solde et les vivres. Il aurait donc suivi partout son bataillon sans prendre une part active à la lutte.

En tous cas, il a pris une part des plus actives au pillage.

Biorret nous le signale comme étant l'âme damnée du commandant Duprat ; il doit, dit-il, en savoir long sur le rôle respectif des membres de l'état-major ; Defaux objecte que de tout l'état-major il est le seul qui n'ait rien pris. Une troisième personne pourrait, si elle le voulait, nous fixer sur son compte, car, exaspéré de certainee révélations et de sa persistance à nier qu'un paquet de robes avait été déposé chez lui, elle se serait écriée : « Ne me forcez pas à en dire davantage. »

Du reste, nous croyons tout possible de la part de Defaux, qui nous est représenté comme un beau parleur à l'air hypocrite, disant tout, excepté la vérité.

En ce qui concerne le paquet de robes signalé par la fille Dellière, le fait est vrai, ce qui résulte de la déposition de la femme Déraphcyx chez laquelle il mangeait. Voici ce que dit cette dame :

« Le 22 mai, Defaux a confié à ma bonne un paquet composé d'un jupon blanc à volants, d'une jupe de soie en satin jaune, d'un corsage décolleté moiré gris. En juin, j'ai prié Defaux de reprendre le tout, il m'a répondu qu'il n'en avait pas besoin et je l'ai gardé. Quand j'ai entendu parler d'arrestations, j'ai brûlé ces objets. »

Et dans un autre interrogatoire :

« Je jure par ce que j'ai de plus cher au monde, que, le 14 septembre dernier, j'ai brûlé les effets déposés par Defaux et dont j'ignorais la provenance. »

C'est lui qui a déposé chez la femme Gilbert une cave à liqueurs destinée à Duprat ; madame Duprat est venue l'y prendre.

Il a également soustrait deux tableaux, qui ont été portés au logement du commandant ; a remis à la femme Gilbert, dont il recherchait la fille en mariage, beaucoup d'effets que celle-ci a déclarés, disant qu'elle en ignorait la provenance, et qu'elle supposait venir de sa mère, son père étant veuf; entre autres objets: une robe en soie bleue; une en reps de laine; un grand rideau; deux jupes et deux camisoles.

Voilà des galanteries qui ont causé un grand vide dans les garde-robes des dames Razzy et Ferrand, mais qui coûteront certainement plus cher à Defaux, qui a maintenant à les payer. — Nous le recommandons à toute votre sévérité.

**Boucher** (*Athanase*), *sergent au 257e bataillon.*

Boucher est âgé de quarante ans et marié; c'est un ancien marin, qui n'a pas conservé les glorieuses traditions de ce corps remarquable. Il est entré dans les fédérés le 22 mars, poussé par le besoin, dit-il, et cependant rien ne l'obligeait à accepter un grade. Il a suivi son bataillon jusqu'au 22 mai, trompé, dit-il, par son commandant.

Sa participation au pillage est réelle, mais balancée par quelques bonnes actions.

Il a pris des serviettes qu'il a distribuées à des gardes,

Une paire de bas d'enfant,

Une montre en argent qu'il a vendue 4 fr. 50 c.

Enfin, il aurait accompagné jusqu'à la porte Bineau la femme Migeon et la fille Balot, portant d'énormes sacs pleins d'objets volés.

Voilà son actif. A son passif, il faut placer sa conduite étant de garde, lorsqu'il s'est opposé au départ d'objets volés par Duprat, Ysquierdo; il a été pour cela relevé par ordre de Dalivilliers.

On le signale aussi comme ayant donné des vivres aux habitants de Neuilly.

Je laisse à votre sagesse le soin d'établir une balance équitable entre ses fautes et ses actes méritoires.

**Chabry**, *sergent-fourrier au 257e bataillon.*

Chabry est âgé de vingt-cinq ans et est célibataire. Au 18 mars, il était simple garde; il a été nommé sergent-fourrier au commencement d'avril. Il a suivi son bataillon, a porté la tenue, touché la solde et les vivres.

Il avoue avoir pris une pendule, reconnue par la femme Bazot et qu'il avait donnée à son frère.

Il a aussi en sa possession le cinquième des objets volés et partagés avec Biorret, Mouneau, Desdouets et Dalivilliers. — Il prétend que son lot ne contenait que des draps qu'il avait donnés à un garde nommé Loiseau, et des effets de femme qu'il aurait laissés n'étant pas marié.

Il ne dit pas toute la vérité au sujet de ce lot : nous allons en connaître une plus grande partie par les dépositions de Loiseau, garde, et de sa maîtresse la femme Riss ; voici cette déposition.

« Pendant mon séjour à Neuilly, je me suis trouvé avec Chabry, fourrier de ma compagnie, avec lequel j'étais très-lié. Un jour, il m'a confié qu'il avait remis à l'omnibus d'ambulance un paquet de linge et que les gens de l'ambulance y avaient pris des chemises qu'ils s'étaient partagées. » Nous ajouterons à ce qu'avoue Chabry et à ce que dit Loiseau, qu'il a été en outre donné à la femme Riss : douze serviettes, un torchon, deux taies d'oreillers, deux chemises de femme, sept mouchoirs et trois draps. Aujourd'hui, Loiseau étant absent, on le charge à son profit. En résumé Chabry s'est attribué pas mal d'objets, ou plus exactement nous pouvons dire que c'est un voleur désintéressé, puisqu'il a tout donné aux autres ; il n'en est pas moins un voleur.

**Migeon** (*Prosper*), *garde, cuisinier de la 1re compagnie.*

Migeon a vingt-huit ans, est presque célibataire car il vit avec la fille Picard, mais cette union n'a été consacrée ni par la municipalité, ni par la religion, Migeon est au-dessus des préjugés et n'en a pas moins cinq enfants.

Pendant le siége, il servait au 257e bataillon, il a cessé à l'armistice et prétend avoir été contraint de revenir. Il ne nous dit ni comment ni pourquoi.

Il était cuisinier de la fameuse première qui s'est tant illustrée à Neuilly par ses vols. Sa cuisine en était l'entrepôt.

Migeon est fortement incriminé et signalé comme un de ceux qui forçaient les meubles et expulsaeint les habitants de leur demeure. Il ne peut y avoir d'erreur, car il portait une calotte rouge avec trois galons noirs.

Loiseau (Alfred), le signale avec les frères Rodolphe,

comme ayant pris beaucoup de châles et sa maîtresse aussi; mais il est convenu que Loiseau ne peut être cru.

La veuve Uhring a reconnu la fille Picard; elle le reconnaît bien aussi. Ce dont nous pouvons convaincre Migeon, c'est d'avoir pris un châle carré à fond rouge, appartenant à Mme Ferrand, châle qu'il a vendu 25 ou 30 francs à une dame Nicolas, de Clichy-la-Garenne. Cette femme ignorait complétement l'origine de ce châle que Migeon avait, dit-il, trouvé à terre (femme Riot).

Il est également accusé d'avoir pris un nécessaire ivoire et vermeil appartenant à M. Razzy (nie). Enfin Barré a vu en sa possession un panier contenant des bas d'enfants, des robes, des pantalons d'enfant et des bougies.

Migeon avoue avoir porté un paquet pour Biorret, son sergent-major.

Biorret d'autre part dit : Une fois il est venu avec moi à Paris dans l'omnibus de l'ambulance et m'a porté jusque chez moi un panier contenant de la papeterie et d'autres objets, plus un paquet pour son propre compte.

La culpabilité de Migeon ressort évidente de tous ces faits et il tombe sous le coup de la loi.

**Rodolphe** (*Edouard*), *garde au 257e bataillon.*

Rodolphe est âgé de trente et un ans et est célibataire. Il a servi comme garde et a suivi son bataillon partout; il a porté la tenue, a été armé et a touché la solde et les vivres. Il aurait été contraint de servir, dit-il, par suite de menaces. Il n'aurait rempli que les fonctions de cuisinier et de voleur par occasion. Il est très-farceur et bon frère comme vous allez le voir :

Tous ses coaccusés le signalent comme ayant beaucoup volé; Barré l'a vu emporter des paquets; Desdouets dit qu'il volait en compagnie de Migeon, ce qui est vraisemblable, puisque c'était son chef cuisinier; Chaby, que les deux frères emportaient des paquets.

Dans un interrogatoire on lui demanda si son frère pillait beaucoup :

Oh ça, c'est différent; on m'a dit plusieurs fois, fais donc comme ton frère. J'étais seul avec lui, nous nous sommes battus, il m'a mordu et enlevé l'usage d'un doigt.

Excellent frère ce bon Rodolphe, plein de générosité pour sa famille.

On lui demande un lorgnon qu'il a pris; il répond qu'il l'a laissé à Neuilly; or, on le lui a vu à Paris. Ce lorgnon a été tiré au sort entre lui, Migeon et Entremont.

Et le paletot d'astrakan que vous avez pris ? — Je ne sais pas ce que vous voulez dire. — Mais votre père déclare vous l'avoir vu.

Oh ! alors, si mon père l'a vu, c'est différent, il est plus croyable que moi; mais je ne sais ce que j'en ai fait.

Il avait aussi un mouchoir appartenant à M. Razzy; c'est son père qui est chiffonnier qui l'a trouvé.

Rodolphe attend avec calme sa condamnation; il y est habitué, il en a déjà subi trois dont une pour vol.

**Poujet** (*Joseph-Marie*), *garde au 257e bataillon.*

Poujet est âgé de vingt-huit ans, il est célibataire. Il était garde pendant le siége et a continué sous la Commune jusqu'au 15 mai. Il a suivi son bataillon partout, a contribué à la défense de la barricade d'Inkermann où il a brûlé plusieurs paquets de cartouches.

Nous ne pouvons le comprendre dans les pillards que pour un châle dont il aurait fait cadeau à un nommé Bacquin, terrassier, avenue de Clichy, et qui était garde avec lui.

Ses antécédents laissent supposer qu'il a commis d'autres vols, mais il a dû se cacher. Le commissaire de police a reconnu la femme Poujet comme ayant assisté à la perquisition faite par lui chez la belle-sœur de Desdouets.

Poujet est un vagabond déjà condamné pour ce fait; il a, de plus, été accusé de vol qualifié en 1868, mais il a été acquitté.

**Lorrain**, *garde au 257e bataillon.*

Lorrain est âgé de trente-deux ans, est marié et père d'un enfant.

Il a déjà été arrêté pour faits insurrectionnels et été l'objet d'ordonnance de non-lieu. Il n'a à répondre aujourd'hui qu'à l'accusation de pillage portée contre lui. Il était planton à l'état-major de Dombrowski.

Il est accusé d'avoir volé un châle et des chemises.

Il prétend que le châle a été volé par Rodolphe (contumax) qui l'a prié de le lui porter à Paris ; il lui aurait même dit : « Mais si l'on m'arrête à la barrière, c'est moi qui serai le bon. »

Il avait déposé le châle dans sa chambre à coucher, et le lendemain ne l'aurait plus retrouvé.

Quant aux chemises, il prétend qu'il en avait huit et qu'il les a brûlées. La soustraction n'en a pas moins eu lieu, et le préjudice n'en a pas moins été causé.

Lorrain faisait le service de l'état-major et doit également en savoir long. Les renseignements fournis sur son compte sont bons.

**Biorret** (*Jean-Marie, dit* **Henri**), *sergent-fourrier*.

Biorret, âgé de dix-neuf ans, est employé de commerce. Il est célibataire.

Pendant le siége, Biorret était caporal-fourrier; il a continué le service à son bataillon sous la Commune; il a été nommé sergent-fourrier le 6 avril. — Il a porté la tenue, prétend n'avoir pas eu d'armes, a touché la solde de son grade et les vivres. A suivi son bataillon.

Biorret est accusé d'avoir soustrait à Neuilly six volumes de Victor Hugo et une boîte de parfumerie.

Les volumes ont été remis à une (demoiselle) Acquaire, qui déclare avoir su qu'ils provenaient du pillage : « Je les ai gardés, dit-elle, parce que Biorret m'avait dit, en me les remettant, qu'il les avait sauvés du pillage et qu'étant un guerrier et non pas un voleur, il avait bien l'intention de les rendre. » (Biorret nie cette déclaration.)

Biorret nous paraît avoir suivi l'exemple de son frère aîné; il est à coup sûr plus intéressant que lui.

**Réné** (*Jules-Louis*), *garde au 257e bataillon*.

Réné est âgé de vingt-sept ans, il est célibataire. Il a servi pendant toute l'insurrection au 257e bataillon, comme cuisinier de l'état-major. Il a porté le costume, touché la solde et les vivres. Il avait son fusil.

On a saisi chez lui une chemise et une serviette appartenant au sieur Razzy ; une serviette damassée, au sieur Daga et une boîte à ouvrage à la dame Boucher.

Enfin, beaucoup d'objets ont été saisis chez le sieur Audibert, à Montmartre, où il les déposait.

Beaucoup de ces objets lui auraient été confiés par Ysquierdo ; ce dernier ne viendra pas le contredire, et sa mort a été un véritable bienfait pour tous les coaccusés.

Comme cuisinier de l'état-major, Réné doit en connaître long.

C'est lui aussi qui probablement a emballé la vaisselle volée pour le compte du commandant, car il résulte de la déposition de la femme Désapheyx, que c'est à lui que la femme Duprat est venue dire que toutes les assiettes étaient cassées. — Elle a ensuite demandé s'il était arrêté.

Réné rejette ses vols sur l'ivresse.

**Leccardi** (*Jacques*), *garde au* 257e *bataillon.*

Leccardi a vingt et un ans, il est célibataire. Pendant la guerre il s'est engagé pour toute sa durée et a été libéré le 26 mars 1871. Il est arrivé à Paris le 1er avril et est entré d'abord au 257e bataillon sédentaire, puis dans les compagnies de marche. — Il a porté le fusil, touché la solde et les vivres, et participé à tous les actes insurrectionnels de son bataillon.

Ses vols connus sont une étoffe en soie blanche qu'il avait donnée à Weill; des monnaies anciennes qu'il aurait données à Lieutaud.

**Lavigne** (*Charles*), *garde au* 257e *bataillon.*

Lavigne a dix-sept ans révolus. Il s'est engagé volontairement dans les bandes de la Commune, le 7 mai 1871. Il a été habillé, équipé et armé, a touché la solde et les vivres et suivi depuis cette époque son bataillon jusqu'à sa dissolution.

On a saisi chez lui un pantalon et une robe de chambre qu'il avait dérobés. Il a enlevé dans une maison un sac d'objets volés préparés.

Comme celui qui précède, il prétend que, s'il a volé, c'est qu'il avait bu.

Orsi et Besson affirment qu'il a voulu empêcher de passer les voleurs portant des paquets.

**Perrin** (*Paul-Léon*), *garde au 257e bataillon.*

Perrin est âgé de dix-huit ans et célibataire. Il est actuellement soldat au 4e régiment d'infanterie de marine, en vertu d'un engagement volontaire, contracté le 30 septembre 1871.

Sous la Commune, il a été garde au 257e bataillon à dater du 4 mai 1871; il a suivi son bataillon jusqu'à sa dissolution. Il a porté le costume, touché la solde et les vivres et été armé d'un fusil.

Perrin est encore une victime de l'exemple et de la galanterie.

Il a pris trois éventails et a fini par avouer qu'il les avait donnés à trois filles.

Fille **Laigre**, qui dépose : Il m'a donné un éventail, en me disant que c'était un fond de magasin; m'a empêché de le rendre après perquisition. »

Fille **Dewisme.** — Un jour, je m'éventais avec un journal, Perrin m'a donné un éventail que je voulais lui rendre; il m'a dit de le garder.

Fille **Laviraud.** — Ayant su que Perrin avait donné deux éventails à deux de mes amies, je lui reprochai de ne pas m'en avoir donné, alors il m'en a donné un.

Accusé d'avoir pris un châle, il dit que non, que c'est un nommé Fouzi.

Il a pris, en outre, et vendu à Toulon, un paletot, un pantalon et un gilet.

**Besson** (*Ernest-Eugène*), *domestique d'Ysquierdo.*

Besson est âgé de seize ans et est bourrelier de son état. Il a eu la tenue de garde et a touché la solde et les vivres. Il était domestique du médecin, un sieur d'Ysquierdo; c'est assez dire qu'il en connaît long sur le compte de l'état-major.

Malgré les mauvais renseignements que nous avait fournis sur son compte le sieur Kricque, qu'il a démentis depuis, du reste, Besson nous avait intéressé. Entraîné par ces misérables, qui l'exploitent même en prison, domestique d'un homme d'une immoralité inouïe, il est extraordinaire qu'il n'en ait pas fait d'avantage.

Il a pris un *Don Quichotte* illustré et a été trouvé porteur d'un paletot dont il ne peut justifier l'origine.

Chargé par Barré, qui a ensuite cherché malgré cela à le faire déposer en sa faveur, le petit Besson nous intéresse, parce qu'il reconnaît enfin à qui il a affaire, et qu'il se montre énergique et franc dans ses aveux.

Sa mère est une très-honnète femme, à laquelle on peut attribuer en grande partie cette conversion. En notre présence, elle l'a contraint à dire la vérité ; c'est elle qui lui a arraché la lettre dictée par Barré; aussi croyons-nous pouvoir dire que si on lui rend son enfant, elle saura le dominer et le ramener définitivement au bien.

Il a, du reste, beaucoup servi l'instruction.

**Vernot** (*Jean-Pierre*), *garde au 154e bataillon.*

Vernot est âgé de trente-quatre ans, il est célibataire. Il vit avec une femme mariée qui jouit d'une réputation détestable et en a trois enfants. Les renseignements fournis sur son compte sont très-mauvais. Il a été condamné à 50 francs d'amende pour complicité d'adultère.

Il a servi la Commune comme garde au 154e bataillon et aurait rendu son fusil le 23 mai. Il n'aurait pas marché à cause d'une tumeur qu'il avait eue à la main. Il a touché la solde.

Vernot était cocher d'Ysquierdo, qui le payait 15 francs par jour, et lui avait fourni un cheval volé à l'État et trouvé en sa possession (du reste déclaré par lui).

Naturellement Vernot est le complice de tous les vols commis par Ysquierdo et dont les objets qui les composaient étaient emportés dans le coupé de celui qu'il servait. Il est d'autant plus à considérer comme complice qu'il dissimule la vérité, malgré les preuves évidentes qui le condamnent:

« Le coupé était plein de paquets, dit Barré, qu'il y en « avait presque sur le siége. Or, Vernot nie, et c'est ce qui « le condamne ; s'il nie, c'est qu'il comprend sa compli- « cité. »

La défense la plus simple eût été de dire : oui, la voiture servait à transporter beaucoup de paquets ; mais je n'avais pas de compte à demander à mon maître. Non, il préfère nier l'évidence.

Il a transporté les maîtresses et les femmes des officiers, entre autres Mme Duprat, emportant une pendule.—Il a porté la glace volée par Hue et l'a aidé à la transporter chez lui, cela est incontestable.

A propos de Hue, il a écrit à ce dernier une lettre où il lui fait un récit fantastique de son interrogatoire. Hue avoue tout et nous dit bien que c'est Vernot qui l'a conduit à Neuilly dans le coupé d'Ysquierdo et qui a porté la glace à son domicile.

Nous reprochons à Vernot d'altérer la vérité en disant qu'il n'a été que trois ou quatre fois à Neuilly, alors que le contraire lui est prouvé,

Et d'avoir, somme toute, été largement payé pour faire ce vilain métier.

Nous pensons qu'il n'a pas eu d'autres profits; aussi avait-il demandé à conserver le cheval pour se désintéresser.

Enfin la femme Jardin l'accuse gravement.

**Hüe** (*Edmond*), *garde au 154e bataillon fédéré.*

Hüe est âgé de vingt-cinq ans; il est célibataire. Il est employé aux magasins du Louvre. Il n'aurait fait aucun service à son bataillon et n'aurait jamais eu d'armes. Il a porté la tenue et touché la solde.

Il a pris la glace que Vernot l'a aidé à transporter chez lui. Il avoue que pris de remords il l'a brisée.

Le contact de Vernot l'a perdu, car il nous paraît bon et fort abattu de la position dans laquelle il s'est mis.

La femme Jardin l'accuse aussi.

**Mougès** (*César-Auguste*), *capitaine adjudant-major au 257e bataillon.*

Mougès, âgé de 40 ans, est marié et n'a pas d'enfants. Il est professeur d'équitation. C'est lui qui, malheureusement, a joué un grand rôle dans l'élection de Duprat au commandement du 257e bataillon. On ne peut toutefois lui imputer qu'indirectement cette nomination, qu'il convoitait pour lui-même. Il a été, en raison des faits insurrectionnels, condamné à la déportation simple par le 8e conseil. Il n'est poursuivi aujourd'hui que pour sa participation au pillage de Neuilly.

Par son éducation, son attitude et une particularité exceptionnelle de sa vie, Mougès est intéressant. Il a, dans une critique circonstance, sauvé la vie au commandant baron d'Aubier de Rioux, aujourd'hui en retraite.

Mougès n'avait point suivi son bataillon à Neuilly; le 16 mai il fut invité à dîner, et le commandant Duprat le conduisit à la maison Razzi avec d'autres officiers et l'adjudant Orsi. Deux paires de rideaux excitèrent les convoitises d'Orsi et de Mougès. Le commandant Duprat ne trouva rien de plus naturel que de leur conseiller de les prendre, ce qu'ils firent.

Mougès donna la paire qui lui revenait à la fille Charlot, qui dépose ainsi :

Vers la fin de l'insurrection, Mougès me pria de prendre chez lui et de garder momentanément chez moi deux paires de rideaux, l'une en drap vert l'autre en drap bleu. J'emportai cette dernière, et quand je voulus aller prendre l'autre, le concierge de Mougès refusa de la laisser sortir.

Mougès m'avait dit qu'ils provenaient d'une maison pillée à Neuilly. Barré affirme qu'il avait accepté les rideaux d'Orsi, mais qu'il aurait exprimé le regret de les avoir acceptés, déclarant en être fort embarrassé.

Orsi nie naturellement. Je laisse à votre sagesse de faire la balance équitable entre sa faute et sa conduite généreuse et brave vis-à-vis de M. le commandant de Rioux.

**Malcher** (*Louis*), *adjudant-major au 117e bataillon.*

Malcher a 35 ans; il est marié et père d'un enfant. C'est un ancien militaire ayant fait la guerre du Mexique. Il a été condamné à cinq ans de détention pour faits insurrectionnels, et comparaît aujourd'hui comme inculpé dans le pillage de Neuilly.

Malcher nie énergiquement et assure au contraire qu'il a menacé les délinquants des peines les plus sévères; malheureusement pour lui, bien des personnes et bien des circonstances l'accusent, et malgré son attitude, franche en apparence, nous n'oserions certifier qu'il est innocent.

Il est constant qu'il a contraint le sieur Blanchet, domestique de M. Daga, à lui livrer les clefs de la maison de son maître et qu'il s'est fait remettre deux fusils Lefaucheux lui appartenant. Enfin, pendant l'absence de Blanchet à l'état-major, le vin et le linge ont été pillés.

On le soupçonne d'avoir eu des relations avec une cantinière du 117e bataillon, qui a commis des vols considérables ; Malcher veut établir un alibi.

Malcher rejette tout sur un nommé Mauduit, capitaine, actuellement en fuite ; les clefs de la maison lui auraient été offertes par Blanchet, et il les aurait remises à un adjudant nommé Méhien-Bordes. Malheureusement pour lui et pour nous, les personnes incriminées par lui ne sont pas là, et les témoignages l'accablent.

Blanchet dépose :

« J'ai remis mes clefs à Malcher qui était présent à l'état-major quand on m'y a conduit. C'est lui qui m'a dit : « Attends, je vais t'en foutre du Daga. » Le 10, quand nous avons constaté le pillage, Malcher, auquel j'avais remis les clefs après avoir constaté que les portes et les serrures étaient ouvertes, était présent quand on a emporté le vin de la cave. Ayant demandé combien il y en avait, sur la réponse : 3 ou 400 litres, il répliqua : « La Commune en payera 5 ou 600 à votre maître. »

La femme **Uhring** dépose :

« Le 4 mai 1871, les nommés Mauduit, Malcher et Bernard sont venus dans la maison que j'habitais, impasse Pérard. Ils étaient porteurs de deux fusils qu'ils disaient avoir pris chez le sieur Daga. Ils sont entrés chez moi, et ont pris le fusil et le sabre de garde national confiés à mon mari.

« Le 6, on a fracturé la porte et tout pillé chez moi. »

Si donc, Malcher, ainsi qu'il le dit, n'a pas été l'auteur principal, on ne peut mettre en doute qu'il n'ait été complice.

La fille Boheim lui aurait vu un christ magnifique entre les mains. Malcher nie et dit que cette fille a mal vu.

M. le juge d'instruction le représente comme ayant une grande exaltation politique, jointe à une grande débauche d'esprit ; de plus, son attitude à l'audience, où il s'est fait l'écho d'une infâme calomnie, n'est pas faite pour lui attirer l'indulgence du conseil, s'il est reconnu coupable.

**Saingier,** *femme Duprat, femme du commandant du 257ᵉ bataillon.*

Mme Duprat est lingère; elle est âgée de vingt-huit ans. Elle est la femme légitime de Duprat, ex-commandant du 257ᵉ bataillon. L'accusation lui reproche d'être allée plusieurs fois à Neuilly, d'en avoir rapporté des objets volés, enfin d'en avoir recelé aussi une grande quantité. Les preuves abondent, et Mme Duprat avoue du reste être revenue dans la voiture d'Ysquierdo, apportant divers paquets d'objets volés.

L'accusation lui reproche, en outre, connaissant l'origine des objets envoyés par son mari, non-seulement de les avoir reçus, mais d'être allée elle-même les chercher chez ses complices. Ainsi, elle est allée chez Biorret chercher un petit bureau; nous l'avons vue chez la femme Désapheyx, allant chercher une cave à liqueurs; annoncer à Réné que toutes les assiettes étaient cassées. Ne trouvant pas ce dernier, demander avec inquiétude s'il était arrêté.

Enfin, avant de rejoindre son mari à Valenciennes, porter, rue de Devis, une cave à liqueurs, deux tabourets en satin, et emballer le reste dans une caisse.

Donc, Mme Duprat agissait en parfaite connaissance de cause et, de ce chef, elle doit compte de sa conduite à la justice.

Lorsque Duprat, son mari, se constitue prisonnier, le 25 juillet, elle revient en toute hâte à Paris, et va immédiatement déclarer tous les objets volés, en sa possession, à l'exception de la caisse, qu'elle adresse, sous le voile de l'anonyme, au commissaire de police de la rue d'Artois.

Certes, Messieurs, nous serions bien en droit de donner une interprétation criminelle à toute cette conduite, en nous basant sur ce que les déclarations et les restitutions ont été tardives et résultaient de la peur d'une arrestation probable. Nous serons plus indulgents, et nous puiserons notre indulgence dans le passé de la femme Duprat et dans sa situation d'épouse.

Mme Duprat a été élevée au couvent, c'est assez dire qu'elle a reçu des principes de moralité et de probité, qui auraient dû la préserver de la chute profonde qu'elle a faite. Toutefois l'exemple que lui a donné son mari était bien fait pour la troubler, car à l'inverse des femmes que nous avons vues dans ces divers procès, elle n'a pas abdiqué ses allures féminines : elle est timide, timorée même, très-faible de caractère. Les tristes doctrines professées par son mari ont achevé de la dévoyer. « Nous sommes en guerre civile disait-il, prendre n'est pas voler, etc., etc. » La malheureuse l'a cru, mais quand le bandeau qu'il lui avait mis sur les yeux est tombé, elle a pu sonder, avec effroi, l'abîme dans lequel il l'avait jetée, et sa douleur alors a été réelle. Ce qui le prouve, c'est que dès qu'elle a entrevu l'affreuse réalité, son passé lui est apparu tout à coup ; elle s'est ressouvenu des principes qu'on lui avait enseignés, et, affolée, n'a cherché d'autre refuge que la religion. C'est à un vénérable prêtre que, sous le sceau de la confession, elle s'est adressée ; c'est lui qui lui a tracé la ligne de conduite qu'elle avait à suivre, et lui a conseillé le renvoi de la caisse au commissaire de la rue d'Artois. Ce n'est pas là une criminelle, Messieurs, et bien que je trouve qu'elle a poussé la faiblesse trop loin, jusqu'à la faute même, je vous demande pour elle autant d'indulgence que je vous ai demandé de sévérité pour le vrai coupable, pour son mari.

**Corbet** (*Elise-Rosalie*), *maîtresse de Barré, sous-aide de camp, au 257ᵉ bataillon.*

La fille Corbet a vingt-six ans, elle est couturière. Elle est allée plusieurs fois à Neuilly voir son amant et l'a puissamment aidé à dérober et à cacher des objets. — C'est elle qui l'accompagnait rue Montmartre, portant dans un panier ce qu'elle avait soustrait, tandis que Barré en dissimulait d'autres dans sa boîte à violon. Tout dans ce couple était combiné : ainsi, tandis que nous voyons Barré dissimuler sous ses vêtements, après l'avoir dévissée, une coupe en porcelaine de Chine, nous voyons d'autre part, sa maîtresse, lors des perquisitions, faire brûler une partie de ce qu'elle avait volé.

Vainement Barré nous affirme que la fille Corbet ignorait l'origine des objets volés et qu'elle lui aurait fait de la morale ; cela est complétement faux, puisqu'elle volait elle-même, ce qui résulte de plusieurs déclarations.

Desdouets nous la signale comme ayant rapporté de

Neuilly, avec Barré et Orsi, une machine à coudre et deux grands vases.

Orsi l'accuse vivement d'avoir porté beaucoup d'objets volés à Montmartre, dans une chambre qu'on n'a pu retrouver. C'est l'histoire Gouvenot, Barré, Barberet, et des filles Racan et d'elle.

M. le juge d'instruction nous la signale comme pleine d'astuce et d'audace, froide et ironique; c'est certes le caractère de son amant avec lequel elle vit depuis huit ans. (Nous avons pu constater par nous-même l'exactitude de ce portrait). Mais nous avouons que depuis, elle paraît être revenue à des sentiments meilleurs, car son attitude dans ces débats a été des plus convenables.

**Dellière** (*Henriette-Marie*), *maîtresse de Moulins, porte-drapeau du 257e bataillon.*

La fille Dellière, âgé de vingt-deux ans, est couturière. C'est la maîtresse de Moulins, le porte-drapeau du 257e bataillon. — Les plus fortes charges pèsent sur elle. Elle est venue très-souvent à Neuilly, et ainsi que la fille Corbet, allait elle-même voler dans les maisons des malheureux habitants de Neuilly. Elle a d'abord essayé de nier, accusant tout l'état-major et disant qu'elle n'avait reçu que des objets insignifiants que lui aurait donnés son amant, qui les avait lui-même reçus de Weil. Or, voici ce que Weil a répondu à cette insinuation : *La fille Dellière ment*, elle n'avait pas besoin qu'on lui donnât quoi que ce soit, elle volait assez pour son compte.

Biorret l'accuse vivement aussi; voici ce qu'il dit :

« Je ne sais si Moulins a pris, mais ce que je sais, c'est
« que sa maîtresse a passé plusieurs jours à Neuilly et s'est
« adjugé pas mal de choses. Je l'ai vue à la maison
« Razzi avec Duprat, Ysquierdo, Roger et Moulins. Elle
« m'a demandé s'il n'y avait pas de pendule, et sur ma
« réponse qu'il y en avait une dans la maison voisine, m'a
« prié de la lui prendre. C'est celle que j'ai déposée
« *chez Cayla* et qui a été mise au Mont-de-Piété.

Elle même aurait porté à M. Binet, ex-capitaine d'une compagnie du 257e bataillon, une corbeille contenant des objets volés et 600 francs, reliquat de solde du bataillon.

Mme Binet, à laquelle elle voulait remettre la corbeille, refusa de la prendre.

On a aussi trouvé en sa possession une ceinture bleue, et elle est allée réclamer un paquet chez Mme Duprat.

Enfin, Besson nous la signale comme s'étant trouvée avec Barré et Ysquierdo dans une maison qu'on pillait; il y avait aussi deux autres gardes nationaux dont elle pourrait dire les noms.

Une accusation plus grave pèse sur elle : elle aurait un jour été visiter la barricade Peyronnet en compagnie d'un capitaine Malleville ; tous deux étaient ivres. Elle s'approcha d'un caporal nommé Serpe et lui demanda son fusil. Celui-ci refusa, elle lui donna un soufflet, s'en empara et se mit à tirer contre les troupes. Serpe se plaignit à Lieutaud, le sergent-major, qui vint pour la chasser, et qui l'a vue tirer.

Ce fait n'aurait rien d'extraordinaire, car c'était une des fidèles des orgies; elle s'enivrait souvent, et, dit Besson, rentrait pêle-mêle avec les insurgés, ou couchait à l'ambulance.

Toutefois, après les dépositions embarrassées et incompréhensibles de Serpe, on est dans le doute, et ce doute doit être profitable à l'accusée; aussi je n'insiste pas sur ce chef d'accusation.

Je crois superflu de vous rappeler les charges relevées par l'instruction contre les contumax, puisque vous délibérez avec les pièces sous les yeux. Ce serait bien inutilement prolonger vos fatigues.

J'ai donc épuisé, Messieurs, la liste des accusés. Avant de m'asseoir, je termine par cette adjuration tirée du plus profond de mon cœur de Français.

Pitié pour les honnêtes gens, pitié pour notre malheureux pays, honte et infamie pour ceux qui nous ont mis au ban des nations civilisées. Accordez toutefois votre commisération à la femme Duprat et à Besson, cet enfant égaré par un monstre de dépravation; accordez aussi votre indulgence à ceux d'entre eux que vous croirez devoir le plus la mériter, à Huë, entre autres; mais frappez sans faiblesse les vrais coupables.

Avec l'éminent magistrat qui a dirigé cette laborieuse instruction, estimez que l'inculpation des faits de pillage domine celle des faits insurrectionnels. Pour ces coupables, pas de châtiments tirés des lois d'exception, qui leur laissent l'honorabilité relative de l'homme politique ; assez de faiblesses et de capitulations de conscience. Quand une nation tombée aussi bas que la nôtre veut sincèrement sa régénération, ce n'est pas une justice sentimentale qu'il lui faut, ce sont des décisions viriles. Pour ces hommes, le droit commun ! Messieurs, nous avons eu les assassins des généraux Clément Thomas et Lecomte, les assassins de la rue Haxo, les assassins de la rue d'Arcueil, les incendiaires, etc., etc. Voici les tristes héros de Neuilly. Que votre verdict les cloue au pilori de l'histoire, sous la dénomination qui est la seule vraie et qui leur est désormais acquise,

**de pillards de Neuilly.**

---

# PLAIDOIRIES

## Me CAPILLERY POUR DUPRAT,

*Commandant du 257e bataillon.*

Monsieur le Président, Messieurs du Conseil,

Lorsque je fus appelé auprès de Duprat; lorsque, pour la première fois, j'entendis de sa bouche l'accusation portée contre lui; lorsqu'il m'apprit de quels crimes on le rendait responsable, je ne pus lui cacher les sentiments qui m'agitaient, et que je ne dissimulerai pas aujourd'hui devant vous. Le premier de ces sentiments multiples fut un sentiment d'horreur et de répulsion. L'accusation me parut horrible, et l'accusé infâme. Jetant un regard en arrière, je revoyais ces scènes de la Commune, et mon cœur bondissait d'indignation. Je voyais ces bandes de pillards français, je les voyais, dans leur triomphe éphémère, promenant partout la destruction, la ruine et la mort; et je voyais enfin notre insolent vainqueur, témoin de nos luttes, et riant de nos malheurs. Aussi, lorsque M. le Commissaire du Gouvernement, dans un langage élevé, avec une éloquence indignée, nous a retracé à grands traits ce tableau hideux de nos luttes civiles, j'étais ému comme lui, et, comme la sienne, ma conscience protestait contre ces scènes, qui ne sont pas seulement la honte d'un peuple, mais encore la honte de la civilisation entière.

Je dus cependant réprimer mon émotion, et rechercher quelle avait pu être, dans ces forfaits, la part de l'homme qui me demandait l'appui de ma parole, et qui me confiait à la fois son honneur et sa vie. Je l'interrogeai d'abord, et, à sa parole franche, à ses dénégations indignées, je sentis le doute se glisser dans mon cœur, et au premier sentiment qui m'avait agité en succéda un second bien différend. L'un était de l'horreur; l'autre fut presque de la compassion. De plus, j'ai étudié le dossier de Duprat. Plus j'ai scruté attentivement et une à une les charges relevées contre lui, plus l'honnêteté de mon client m'a paru possible, évidente ensuite. Il est, en effet, Messieurs, un principe en droit, que plus grande est l'accusation, plus pertinentes doivent être les preuves. Eh bien! j'ai cherché partout les preuves évidentes et irréfutables de la culpabilité de Duprat., et je ne les ai trouvées nulle part. La vérité, je l'ai voulue, je l'ai désirée autant que l'a voulue et l'a désirée M. le commissaire du gouvernement, et c'est cette vérité que je veux faire luire à vos yeux en ne passant rien sous silence, en vous livrant mon client tout entier, et vous le montrant tel qu'il est.

Duprat, né de parents honnêtes, est resté jusqu'en 1860 dans sa famille, où il pouvait apprendre d'un père justement respecté les grands principes de l'honneur et de la moralité. A cette époque il contracte un engagement et entre au 44e de ligne. Sa bonne conduite, sa parfaite moralité lui attirent la protection de ses chefs ; il est bientôt sous officier et il sort enfin de la vie militaire, avec le seul bien que puisse désirer le soldat, avec ce certificat que, dans votre justice, vous n'accordez qu'à ceux qui l'ont mérité par de bons et loyaux services. Jeune et ambitieux, Duprat, qui connaît déjà la vie des villes ne peut se résoudre à retourner dans son village, et il vient à Paris, espérant y trouver un emploi lucratif et honorable.

Muni des meilleures recommandations, il se présente à la Compagnie du chemin de fer de l'Ouest, et il est assez heureux pour se voir accepter. Or, Messieurs, vous n'ignorez pas à combien de sollicitations sont quotidiennement exposés les directeurs de nos grandes Compagnies ; vous voyez quelles influences on fait agir pour entrer dans les bureaux, où, si le travail n'est pas toujours largement rétribué, il est au moins assuré. Eh bien ! si Duprat a été assez heureux pour obtenir ce que tant d'autres ont demandé, n'est-ce pas parce que sa conduite antérieure répondait de l'avenir ? N'est-ce pas parce que l'on espérait que le bon militaire deviendrait un bon citoyen ? Ces espérances les a-t-il trompées ? La confiance qu'on lui a témoignée, s'en est-il rendu indigne ? Comme moi, M. le Commissaire du Gouvernement, est obligé de rendre hommage à cette honorabilité ; et d'ailleurs n'avez-vous pas entendu les nombreuses dépositions qui ont été apportées à votre barre. Vous vous rappelez encore ce que vous disait l'honorable M. Prudhomme dont l'impartialité ne peut pas être mise en doute : « Je lui ai confié, a-t-il dit, plusieurs fois les clefs de ma caisse, et je n'ai JAMAIS eu un reproche à lui adresser. Pendant un voyage de l'empereur et de l'impératrice, Duprat a été chargé d'une mission délicate ; il s'en est parfaitement acquitté. Je l'ai connu pendant trois ans : C'EST UN HONNÊTE HOMME. » Vous citerai-je encore les dépositions de MM. Larcher, Boutin et Doudenay ? Ce n'est que la répétition de celle que je viens de lire. Permettez-moi, d'ailleurs, Messieurs, de vous raconter un fait tout à l'honneur de mon client, et dont j'ai été personnellement très-touché. Sur l'invitation de M. le président, je suis allé demander hier à M. Saint-Jean de venir vous donner aujourd'hui quelques éclaircissements sur une liste, dont le ministère public semblait vivement préoccupé. Je me suis rendu dans les bureaux de la Compagnie de l'Ouest ; et lorsque j'ai fait connaître ma qualité, j'ai été entouré des anciens collègues de Duprat, de tous les employés, qui m'ont prié de n'épargner ni mes soins, ni mes peines, pour défendre *un honnête homme*. Ce n'a été qu'une voix unanime pour proclamer l'honorabilité de mon client, et j'avais besoin de le dire ici, pour qu'il sache que ceux qui l'ont connu et qui ont pu l'apprécier, lui ont conservé, malgré l'accusation qui pèse sur lui, leur estime et leur sympathie. Je l'en félicite, et j'en félicite aussi ses amis qui ne l'ont pas abandonné dans le malheur.

Duprat travaillait, et jouissait en paix des fruits de son travail, lorsque, comme tout le monde, il a été surpris par les terribles événements de 1870. Comme tout Français, il fut atterré des malheurs de la patrie, et il ne put pas rester indifférent aux désastres répétés qui mirent notre pays sous le couteau de l'étranger. Il avait été militaire, il s'en souvint. On armait la garde nationale de Paris; on faisait de la capitale une immense citadelle : il voulut en être un des défenseurs. Nommé d'abord capitaine en 2e de la 3e compagnie du 155e bataillon, il donne bientôt sa démission. C'est qu'on vient de faire un appel plus pressant à son patriotisme, c'est que le danger augmente. Duprat n'hésite pas; il ne regarde pas si la loi le dispense, lui marié, du service actif; il ne veut connaître qu'une seule chose : le devoir; et le devoir alors était de tout sacrifier à la patrie, d'autant plus chère qu'elle était plus malheureuse. Il était capitaine, il devient simple garde dans un bataillon de marche; mais bientôt, il est vrai, il reçoit de nouveau de ses compagnons d'armes le grade qu'il a généreusement abandonné, et dont il se montre digne dans deux sorties, et notamment dans celle de Drancy, où sa compagnie compte plusieurs morts et blessés.

Mais tandis que le Prussien enveloppait Paris, etc., etc.; tandis que l'unique préoccupation était la défense et la défense seule, des hommes auxquels les événements postérieurs réservaient une si triste célébrité, essayaient leurs forces contre le gouvernement établi : 31 octobre et 18 mars! Une date appelle l'autre! La seconde n'est que la conséquence de la première! Eh bien! à ce moment, que fait Duprat? A cette heure, quelle est la conduite de ce révolutionnaire? De quel côté va-t-il se ranger? Les dépositions de MM. Doudenay et Despioud vous l'ont dit et vous l'ont montré prêchant à sa compagnie la cause de l'ordre, et venant défendre les dépositaires légaux du pouvoir.

Que plus tard donc, on ne vienne pas nous le représenter comme un émeutier : Duprat a été toujours un homme d'ordre, et lorsqu'il s'est mis au service de l'insurrection, ce n'a été qu'un acte de faiblesse et d'ambition. Vous le connaissez, en effet, Messieurs, et vous savez que cet homme jeune et ardent voulait et espérait parvenir. Mais s'il eût cru, pour atteindre son but, être criminel,sa vieille honnêteté se serait révoltée, et il aurait repoussé avec horreur les avances et les propositions qui lui étaient faites.

A l'armistice, Duprat remet au fourreau son sabre désormais inutile, et le 5 mars, il rentre à la gare du chemin de fer de l'Ouest. Le 18 mars éclate, la garde nationale se fédéralise et cherche partout des chefs. Duprat est, comme on le sait, brave et courageux, et on s'efforce de l'attirer; ce sont les anciens hommes de sa compagnie qui viennent lui proposer de se remettre à leur tête ; ce sont d'autres bataillons encore qui lui offrent le commandement. A toutes ces demandes, quelle est sa réponse ! Non, non et toujours non ! Il désire profiter du décret rendu par Cluseret, sur les demandes de M. Marin, sous-chef d'exploitation de la compagnie de l'Ouest. Ce décret dispense de tout service les employés du chemin de fer, en retour de certaines corvées promises.

Confiante, trop confiante, la Compagnie oblige tous ses employés à rester dans Paris, ne comprenant pas que fatalement doit arriver le jour, où l'insurrection aux abois se servira, sans respect pour la parole donnée, de ces malheureux que l'on force ainsi à devenir, tôt ou tard, les complices de l'émeute. Duprat comprend le danger et veut le prévenir. Il demande un congé, ainsi que l'atteste une lettre que j'ai entre les mains de M. Pujol de Nérac, et dont je pourrais donner lecture s'il en était besoin; mais il est assez malheureux pour ne pas recevoir la grâce qu'il sollicite.

Cependant, les événements se succèdent; la Commune, qui annonçait tous les jours des victoires, était repoussée dans ses derniers retranchements; ses chefs, s'accusant réciproquement de trahison, se succédaient avec une rapidité révolutionnaire, et les décisions de la veille n'étaient jamais celles du lendemain. Aussi, le 6 mai, Delescluze, alors ministre de la guerre, rapporte le décret de Cluseret, en disgrâce. Plus de faveurs! plus de partialité! l'égalité dans le crime! Chaque citoyen valide doit avoir sa part de responsabilité des forfaits qui se sont déjà commis et des plus graves qui vont se commettre. Alors commence la chasse à l'homme dans chaque quartier, dans chaque rue, dans chaque maison. Le voisin devient le délateur du voisin, et Paris assiste à ce spectacle aussi nouveau qu'étrange et effrayant.

La Commune s'adresse à toutes les compagnies de chemins de fer, aux grandes usines, à toutes les agglomérations d'hommes; elle veut et exige une liste sincère et complète de tous ceux qui peuvent porter les armes, et Félix Pyat, le 9 mai, vient, à la tête de quelques bataillons fédérés, réclamer cette liste à la gare Saint-Lazare. Qu'on ne nous dise donc pas, comme pensait le croire M. le Commissaire du Gouvernement, que cette liste a été l'œuvre spontanée de Duprat. Non, et vous venez d'entendre M. Saint-Jean, c'est la Compagnie, c'est le directeur qui l'a fait dresser, mais contraint et forcé, et le couteau sur la gorge.

On m'objectera ici que, malgré cette liste, malgré ces recherches, plusieurs collègues de Duprat ont pu éviter de servir l'insurrection, mais j'ai prévu cette objection et rien de plus facile que sa réfutation. Je vous disais tout à l'heure, et j'insistais avec raison, les tentatives faites auprès de mon client dès le premier jour de la Commune; je vous ai parlé des démarches de son ancienne compagnie, des propositions faites par d'autres bataillons, et ne comprendrez-vous pas que Duprat, plus que tout autre, fut désigné aux séides de l'insurrection, et que moins que tout autre, il put éviter le danger dont il était menacé. Connu d'un grand nombre, d'un trop grand nombre de fédérés, il ne pouvait échapper à la Commune, et devait fatalement en être la victime.

D'ailleurs, pour son malheur, le jour même où il avait appris à la gare la dure extrémité à laquelle il était réduit, il rencontra, en sortant, Mougès, qui devint bientôt son mauvais génie. Il l'avait connu à Nogent, pendant les trois ou quatre jours de séjour commun des 155e et 257e bataillons. Mougès, lui, avait conservé son grade dans les bataillons fédérés ; il était capitaine adjudant-major et espérait être bientôt commandant. Duprat lui raconte ce qui s'est passé dans la journée et lui fait part de ses craintes. Mougès est ravi de ses confidences et bénit probablement le sort qui a mis Duprat sur son chemin. Le soir même, en effet, le 257e bataillon doit procéder à l'élection de son commandant; Mougès est candidat, seul et unique candidat, et il cherche un adversaire, mais un adversaire peu sérieux, un homme de paille, si vous me permettez cette expression triviale qui rend parfaitement ma pensée et celle de Mougès.

Il s'agit, en effet, pour donner quelque apparence de lutte, et par conséquent de victoire à l'élection, d'avoir devant soi un candidat, mais un candidat dont les chances ne soient pas assez grandes pour faire douter du succès. Cet homme était difficile à trouver, car le rôle qu'on voulait lui faire jouer, était un rôle de dupe. Par complaisance, par faiblesse, par entraînement peut-être, Duprat consentit à être cet homme, ne voulant que rendre service à Mougès, et persuadé qu'inconnu du bataillon et étranger encore à la Commune, sa candidature ne pouvait être sérieuse. Il se trompa et, le soir, son nom sortit triomphant de l'urne, à son grand étonnement, je dirai même et au désespoir aussi probablement de Mougès. Nommé à 10 heures, il reçoit, à 2 heures du matin, l'ordre de marcher. Pouvait-il désobéir à cet ordre ? Pouvait-il ne pas accepter le grade que, sans le connaître, lui avaient donné les hommes du 257e ! Monsieur le Commissaire du Gouvernement répond oui, et moi je n'hésite pas à répondre, non. Il faut, en effet, Messieurs, juger les choses humaines, comme les choses humaines, et voir les hommes tels qu'ils sont, et non tels qu'ils doivent être ; et, j'affirme que Duprat, tel que vous le connaissez, tel, d'ailleurs, que l'ont fait connaître les débats, ne pouvait pas refuser. Il fallait, en effet, ou accepter ou mourir peut-être. Je sais ce que vous eussiez choisi, Messieurs, et je n'ignore pas qu'esclaves du devoir, vous eussiez voulu en être les victimes ; le monde vous aurait applaudis et aurait salué en vous des héros ; mais, si faible et pusillanime peut-être, Duprat n'a pas choisi cette couronne de gloire que lui aurait tressée la société, doit-on lui en faire un crime ? Non, et je ne vois pas dans nos codes la loi qui punit celui qui ne peut ou ne veut être un martyr.

Rappelez-vous aussi, Messieurs, que, malgré ses échecs répétés, la Commune chantait victoire, et que les Prud'hommes de Paris, et Dieu sait s'il y en a, pouvaient parfaitement croire au fait accompli, et avec leur logique conservatrice, accepter ce gouvernement, quoiqu'insurrectionnel, parce qu'il était le plus fort. Qu'on ne fasse donc plus un crime à Duprat d'avoir pris ce qui lui était offert et d'avoir cédé à un mouvement de faiblesse et d'ambition à la fois. Faible, il l'a été, en effet, en écoutant les propositions de Mougès; c'est alors qu'il devait refuser; ensuite, il était trop tard. Ambitieux, il l'a été aussi, je le reconnais, et j'accepte, dans une certaine limite, ce que vous disait tout à l'heure M. le Commissaire du Gouvernement, lorsqu'il vous parlait de la séduction que les galons ont exercée sur Duprat : Oui, il a eu la maladie du galon! oui, il a été atteint de cette épidémie qui, pendant six mois, a fait tant de victimes!

Mais parce qu'il acceptait un grade, un commandement, en tirez-vous contre lui cette preuve qu'il était partisan, et partisan enthousiaste de la Commune? Non, ce serait aller trop loin, et j'espère que vous voudrez toujours voir en Duprat l'homme faible, ambitieux et vaniteux peut-être, plutôt que le séide de l'insurrection, le complice volontaire de cet horrible attentat contre la loi et l'humanité même, le criminel en un mot.

Depuis quatre heures seulement il était commandant d'un bataillon qu'il ne connaissait pas, lorsqu'il reçoit de l'état-major général l'ordre d'aller relever le 117e bataillon à Neuilly. A regret sûrement, il obéit à cet ordre et emmène avec lui les quatre compagnies du 257e bataillon, et dès le lendemain il est accusé de trahison par ses hommes. C'était l'accusation à la mode et, si on en avait abusé depuis six mois, la Commune en abusa encore plus. Entre ces hommes qui s'étaient mis volontairement hors la loi et qui prévoyaient le châtiment juste et sévère que leur réservait la société offensée, il n'y avait et ne pouvait y avoir que soupçons, et vous savez combien cette accusation a pesé terrible sur la plupart des chefs de l'insurrection, qui semblaient n'être élevés au Capitole que pour être précipités plus tôt de la Roche Tarpéïenne. Je ne m'arrêterai donc pas à ce qu'ont pu dire les hommes du 257e bataillon, ou si je m'y arrête, ce ne sera que pour en tirer un argument en ma faveur, et pour tenir dorénavant pour suspectes toutes les charges qu'ils voudront accumuler contre leur commandant.

Monsieur le Commissaire du Gouvernement vous a dépeint d'une manière saisissante et mieux que je ne pourrais le faire, le tableau que présentait Neuilly, lorsque le 257e bataillon entre en scène. Il vous a montré les maisons percées à jour par les obus de l'armée libératrice et de l'insurrection ; il vous a montré les habitants cachés dans les caves pour éviter la mort qui pouvait venir à la fois de leurs sauveurs et de leurs persécuteurs. Nous étions tous de cœur avec lui pour plaindre ces infortunés obligés de fuir leur ville incendiée et de tout abandonner ; et nous applaudissions sans réserve à cette parole sincère, honnête et éloquente. Oui, au banc de la défense, comme partout, il n'y a que sympathies pour les habitants de Neuilly, et que regrets pour leurs malheurs ; mais il y a aussi, comme de l'autre côté de la barre, une préoccupation plus grande et plus haute, c'est la recherche de la vérité, de la vérité qui, éclairant tout d'une nouvelle lumière, doit faire retomber sur chacun sa part de responsabilité.

Je vais donc chercher quelle a été la responsabilité de Duprat dans les crimes qui ont été commis par son bataillon, et j'espère prouver d'abord qu'il lui était impossible de réprimer les pillages, et ensuite, qu'il n'a jamais pillé, qu'il n'a jamais voulu piller.

Avant l'arrivée du 257e bataillon, le 117e avait commencé à voler. C'était seulement, a-t-on dit, des faits isolés, mais où a-ton vu qu'il en a été autrement plus tard? Non, il reste acquis aux débats, et il ressort des témoignages si précis de la dame Grey, de MM. Bocher, Dagu et Blanchet, que le pillage avait commencé le 10 mai, et que les nouveaux arrivés n'ont fait que continuer ce qui se faisait déjà. Ne trouve-t-on pas, d'ailleurs, dans l'arrestation de la cantinière du 117e bataillon la preuve de ce que j'avance ? Cette femme quittait Neuilly conduisant un chariot d'objets volés ; Duprat, dont les hommes occupent déjà tous les postes, est averti de ce fait, et immédiatement, sans en déférer à personne, et ne prenant conseil que de lui-même et de son honnêteté, il ordonne d'arrêter la voleuse, et dresse contre elle un rapport terrible. Voilà le premier acte de cet homme ! Singuliers débuts d'un pillard ! Certes, Messieurs, il me serait facile de tirer de cette action des déductions nombreuses, et toutes favorables à mon client, mais ce que je pourrais faire imparfaitement, vous le ferez vous-mêmes mieux que moi, et je passe. Je ne vous citerai aussi que pour mémoire l'arrestation de deux gardes nationaux surpris en flagrant délit de vol, et envoyés par Duprat à l'état-major général. J'ai hâte d'arriver à ce qui fait le nœud du procès, de considérer quelle était l'autorité du commandant du 257e bataillon sur son bataillon, et voir de quels moyens il disposait pour assurer la discipline.

Il serait injuste de croire que dans les rangs de la Commune, la hiérarchie fut scrupuleusement respectée, et que ces bandes connussent d'autre frein que leur caprice ou la force. Partisans ardents et égarés de l'égalité, mais d'une égalité malsaine, ces hommes ne voulaient reconnaître aucune suprématie, et souvent on a pu voir, dans ces bataillons, les commandants commandés par les soldats. Tel a été le cas de Duprat. Inconnu, au moment de son élection de la majorité du 257e bataillon, et le lendemain suspect à tout le monde, il n'a jamais eu que l'apparence du commandement, et si nous voulions rechercher quel était le véritable chef du bataillon, il ne nous serait pas difficile de le trouver parmi les accusés présents, après tous les témoignages que nous avons entendus. Si donc Duprat n'a jamais eu d'autorité sur ses hommes, comment le rendre responsable de ce qui a été fait? Comment venir lui dire : « Les gardes nationaux sous vos ordres ont pillé, et vous êtes coupable de ces pillages, » lorsque tout démontre jusqu'à l'évidence qu'il lui était matériellement impossible d'empêcher les vols, et que tout a été fait, les premiers jours, pour qu'on n'imitât pas le 117e bataillon.

Avec sa loyauté ordinaire, M. le Commissaire du Gouvernement a reconnu que l'exemple venait de plus haut. Je remercie l'honorable organe du ministère public de ce qu'il a dit, et je vais confirmer son dire par le récit de ce que conseillait et de ce que faisait le colonel Favy, commandant supérieur de Neuilly. Dans une réunion d'officiers, Duprat se plaignait à son supérieur de vols commis et demandait, pour les deux hommes qu'il avait fait arrêter, une répression juste et sévère, qui fût pour tout le monde un exemple salutaire.

A toutes ces demandes, que répond le colonel Favy? « Laissez faire, fermez les yeux; s'il vous fallait arrêter tous les pillards, nous n'aurions plus d'hommes pour le combat. Ces vols qui vous effrayent ne sont qu'une conséquence de la guerre. » Ne laissons pas passer cette réponse sans la rapprocher de celles faites par nos ennemis pour excuser leurs excès! Barbares et bandits avaient la même logique. Le lendemain, et sans doute, pour joindre les faits aux paroles, le colonel Favy s'empare d'un objet dans une maison abandonnée, en présence de Duprat qui, commençant à mieux connaître les hommes au milieu desquels son ambition l'a jeté, dut commencer aussi à se repentir de sa faiblesse.

Dès ce moment le pillage s'exécute sur une plus grande échelle, et je ne chercherai pas à disculper ceux qui s'en sont rendus coupables; je laisse ce soin à mes honorables confrères, qui s'en acquitteront avec beaucoup plus de talent et d'éloquence que je ne le pourrais moi-même. Bornant mon argumentation aux faits reprochés à Duprat, je rechercherai s'il a pillé, s'il a eu l'intention de piller.

Où est-on allé trouver la preuve de vols commis par Duprat? Dans les témoignages? Il n'y en a pas un seul qui le prouve. Prenons-les, en effet, les uns après les autres, et considérons séparément ce qu'ont dit les coaccusés et ce qu'ont dit les témoins.

Sera-ce Biorret que nous devons croire, lorsqu'il viendra pour se disculper accuser Duprat? Certes, il n'est pas dans mon rôle, et ce n'est pas dans mes habitudes d'accabler un homme qu'accablent déjà tant de charges, et cependant ne dois-je pas, dans l'intérêt même de la vérité, chercher dans quelles conditions s'est produite cette déclaration, et voir si elle ne peut pas être tenue pour suspecte? Des antécédents de Biorret je n'en veux pas parler, et je ne veux trouver en lui que l'accusateur. Or à quelle époque est-il arrêté? Au commencement d'août, alors que déjà depuis une quinzaine de jours Duprat s'est volontairement constitué prisonnier? Quels étaient ses sentiments à l'égard du commandant? Je n'hésite pas à le dire, et je ne crains pas de contradiction lorsque j'affirme que, jaloux d'abord de Duprat, Biorret lui a porté plus tard une haine d'autant plus vive, qu'il a cru voir en lui son dénonciateur? Et c'est d'une déclaration d'un coaccusé jaloux et haineux, d'une déclaration que tout doit rendre suspecte, que l'on voudrait tirer une preuve de culpabilité contre mon client? Je connais trop votre esprit de justice pour m'arrêter un moment à une pareille idée et je n'insiste pas.

J'arrive au second dénonciateur, au sergent Boucher, à la victime de la discipline. Je ne dirai rien de désobligeant, j'ai le respect des accusés et je comprends que l'on cherche par tous les moyens à se sauver ; mais qui n'a pas été frappé dans cet auditoire de l'importance que s'est voulu donner cet homme? N'avez-vous pas encore présente à la mémoire cette histoire renouvelée de la légende, et nous montrant Boucher fidèle à la consigne jusqu'à ne pas vouloir laisser passer ses supérieurs? Et dépouillons d'ailleurs l'interrogatoire de cet accusé de toutes les exagérations qu'il contient, qu'en reste-t-il ? Rien ou presque rien, car il n'établit qu'un fait que nous reconnaissons et sur lequel nous nous sommes déjà expliqué, à savoir que l'on volait, Duprat le sachant. Il n'y a pas autre chose, en effet, Messieurs, dans cette déclaration où il dit que le commandant était avec *d'autres officiers qui emportaient des paquets*, et je ne veux pas le tenir pour suspect, quoique j'aie un autre témoignage, celui de Loiseau, qui pourrait le contredire.

De trente accusés deux seulement sont devenus les accusateurs de Duprat, et j'espère avoir réfuté leurs dires ; mais je trouve, dans les déclarations des autres, un témoignage qui a sa valeur et par la qualité de celui qui l'a prêté, et par la position qu'il occupait auprès du commandant : je veux parler de Deffaux, fourrier d'ordre, et l'âme damnée de Duprat, suivant l'expression figurée d'un des hommes du 257e bataillon. Que dit ce jeune homme, sur lequel ont été fournis les meilleurs renseignements, et qui plus que tout autre pouvait voir ce que faisait mon client ? « Il n'a jamais reçu l'ordre du commandant d'aller chercher des objets. » A côté de cette déclaration placerai-je celle du cuisinier du bataillon, qui n'en est que la répétition? Je crois que c'est inutile, et qu'il commence d'ores et déjà à être prouvé que Duprat n'a jamais ordonné qu'on pillât à son profit, et que les pillages qui ont eu lieu se sont faits malgré lui, et parce qu'il ne pouvait seul s'opposer à l'influence de l'état-major général qui donnait l'exemple, et à tous ses officiers.

Passons maintenant des accusés aux témoins? Quels sont ceux qui accablent le plus Duprat? C'est M. Razy qui, avec un zèle au-dessus de tout éloge, et avec une habileté remarquable a volontairement aidé la justice dans l'instruction laborieuse de cette affaire ; c'est M. le commissaire de police, qui lui aussi a bien fait son devoir. Que viennent nous apporter ces deux honorables témoins? Des on-dit, des propos et pas autre chose. Qu'ont-ils vu? Rien. Certes, s'ils faisaient ici le récit de faits passés sous leurs yeux, s'ils pouvaient sous leur responsabilité affirmer la vérité de ce qui leur a été répété, nous avons trop de respect pour eux, pour qu'il nous fût permis alors de douter un moment de la sincérité et de l'exactitude de leurs témoignages. Mais ils savent trop, eux-mêmes, quelle confiance il faut ajouter aux bruits qui courent, pour ne pas comprendre avec quelles restrictions nous devons accepter leurs dires. Ce ne sera donc pas encore ici que nous trouverons la preuve que nous cherchons partout, et qui nous fuit toujours.

Il nous reste une déposition que j'ai voulu examiner avec vous en dernier lieu, parce qu'elle paraissait plus grave. C'est celle du portier Strickler qui a dit avoir vu, à deux reprises, venir devant la porte de Duprat un omnibus d'ambulance : la première fois c'est le docteur Ysquierdo qui en est descendu et qui a donné l'ordre de porter un paquet dans l'appartement occupé par Duprat ; la seconde fois c'est Mme Duprat elle-même qui revient de Neuilly, portant un panier qui contient le linge de son mari. Je ne discuterai pas la seconde partie de cette déposition que rien n'est venu contredire dans les débats et qui corrobore parfaite-

6

ment ce que nous savions déjà par l'interrogatoire de mon client ; mais j'examinerai avec plus d'attention ce qu'on peut tirer de la première partie, soit contre la cause dont je suis le défenseur devant vous, soit aussi en faveur de cette cause. Nous n'y trouvons d'abord pas la preuve d'un vol fait par Duprat. C'est un autre, c'est le fameux docteur Ysquierdo qui apporte des objets. J'ai le respect de la tombe et je ne la découvre jamais pour aller demander à celui qu'elle renferme ce qu'il a fait ; là le criminel échappe à la justice des hommes, il ne dépend que de la justice de Dieu. Mais sans vouloir flétrir la mémoire de personne, ne me sera-t-il pas permis de dire ce que fut cet Ysquierdo ! Ne pourrai-je pas répéter ce qui a été si souvent dit à cette audience lorsqu'on vous a montré le docteur comme le plus acharné au pillage ; lorqu'on vous a rappelé comment il excitait au vol et par la parole et par l'exemple ? C'est cet homme qui *une seule fois* (je vous prie de vous rappeler ces trois mots si importants dans la déclaration de Strickler) *une seule fois*, je le répète, fait apporter chez Duprat un paquet contenant les objets soustraits à Neuilly, je le veux bien, et pour cet acte isolé retomberait sur la tête d'un malheureux l'accusation terrible de pillage ? Quoi ! Duprat est absent, il n'a pas été consulté, et sans son aveu, Ysquierdo profitant de cette absence, introduit chez lui ce qu'il a volé ailleurs, pour se soustraire plus tard à la juste répression qui l'attend, en trompant la justice, et c'est Duprat qui sera responsable d'un fait qu'il a connu longtemps après ? Qui ne voit, Messieurs, où nous conduirait un pareil système, et à quelles conséquences rigoureuses nous soumettrait son adoption ? Je n'hésite pas aussi à le déclarer inadmissible, comme vous le ferez certainement.

J'en ai fini, Messieurs, avec les interrogatoires des coaccusés, et les dépositions des témoins. Il me reste à examiner avec vous quels ont été les erreurs de mon client, et quelles sont les présomptions graves qui pèsent contre lui.

Duprat, avec sa franchise, avec la conscience de son honnêteté, n'a pas craint de déclarer qu'il était vrai qu'on lui avait destiné certains objets; il a reconnu même que plusieurs de ces objets ont pu être trouvés chez lui sans qu'il ait toutefois jamais donné l'ordre de les y porter. M. le Commissaire du Gouvernement, acceptant ces paroles, triomphe, et y trouve une preuve; quant à moi, Messieurs, je suis très-heureux que le ministère public accepte cette déclaration, quelque grave qu'elle puisse paraître d'abord, car il va être obligé d'en accepter une autre, et celle-ci détruira complétement celle-là. Il est en effet, et vous ne l'ignorez pas, un principe un droit qui veut que les aveux de l'accusé soient indivisibles. Il ne faut pas en effet que l'accusation, comme la défense d'ailleurs, vienne y chercher ce qui peut lui être utile, et laisse ce qui pourrait peut-être lui être nuisible. Le législateur nous fait un devoir ou de tout accepter, ou de ne rien prendre. Eh bien! acceptons alors toute la déclaration de Duprat, et croyons-le lorsqu'il nous dit que s'il a gardé les objets déposés chez lui, c'est parce qu'il les y croyait plus en sécurité que chez aucun des hommes de son bataillon, c'est parce qu'il voulait les rendre à leurs légitimes propriétaires! Rappelons aussi les dépositions si nettes et si précises de MM. Latour et Boutin, qui ont entendu Duprat dire à sa femme qu'il fallait tout garder jusqu'au moment où il serait possible de tout rendre!

De cette déclaration, rétablie dans son intégralité, je ne vois pas quelle preuve pourrait en tirer maintenant l'accusation, mais il en est une que la défense ne veut pas laisser dans l'ombre ; c'est la preuve de la pureté des intentions de Duprat, de son honnêteté que je veux proclamer bien haut.

Parlerai-je maintenant des présomptions ? J'espère avoir déjà fait justice de la plus grave, de celle tirée du grade de mon client, et de son influence sur le bataillon et je n'y reviens pas. Il en reste une autre, celle de sa fuite. Je ne crois pas qu'on veuille en user, ce serait faire le jeu de la défense, en lui permettant de vanter le retour. Je m'arrête donc et je cherche ce qui peut rester de l'accusation. Le vol est-il prouvé matériellement ? Non, rien dans les interrogatoires et rien dans les témoignages apportés à cette barre ne l'a démontré ! Toutefois, si je n'ai pu réussir à vous faire partager mes sentiments sur ce point, vous devez vous souvenir, Messieurs, que ce que la loi veut punir, c'est l'intention, et il est alors hors de doute, je crois, que jamais Duprat n'a voulu s'approprier ce que d'autres avaient pris pour lui. Si la matérialité du fait est admise, l'intention frauduleuse ne saurait l'être !

Duprat n'a été coupable que de faiblesse, et cette faiblesse il l'expie cruellement aujourd'hui, en se présentant devant vous pour être jugé comme un pillard. Mais entre la faiblesse et le crime, il y a un abîme ; cet abîme n'a pas été franchi. Aussi quelque sévère que pût être la peine prononcée contre lui pour sa participation à l'insurrection, Duprat qui dès les derniers jours de l'émeute, avait pu trouver un refuge en Belgique, n'a pas hésité, lorsqu'il a appris de quels crimes on le rendait responsable, à revenir en France.

Il a eu confiance dans la justice de son pays, il a voulu des juges. Pendant un an, confondu dans les prisons avec des misérables, il a attendu l'heure où il pourrait comparaître devant vous. Cette heure a sonné enfin, il est heureux, car s'il n'ignore pas que vous condamnerez le commandant des fédéres, il ne doute pas aussi que vous acquitterez l'honnête homme. Il vous demande donc justice et indulgence. Soyez indulgents pour le malheureux qui a été entraîné, pour l'homme que sa légèreté peut-être a jeté dans les rangs de l'insurrection. L'indulgence n'est pas de la faiblesse, c'est le plus bel apanage de la force. Soyez justes enfin, en proclamant bien haut que Duprat ne fut jamais un criminel.

J'ai terminé ma tâche, la votre commence, vous êtes maintenant juges de mes paroles; je serai tout à l'heure témoin de votre décision, mais je l'attends sans inquiétude et avec confiance, car elle reposera sur le double fondement de la justice et de l'équité!

---

## Me DEMANGE POUR BARRÉ, LA FILLE CORBET ET MOUGÈS.

### Conclusions pour Barré, fille Corbet, Mougès.

Plaise au Conseil :

1o En ce qui concerne Barré,

Attendu que si Barré a commis des vols à Neuilly, s'il a recueilli des objets volés dans la même commune, ces vols commis soit par lui, soit par d'autres, l'ont été individuellement, sans violences sans réunion de personnes armées, sans résistance des habitants absents;

Attendu que ces faits constituent non le crime prévu et puni par l'article 440, mais bien le délit de vol prévu et puni par l'article 401 du Code pénal.

2o En ce qui concerne la demoiselle Corbet :

Attendu que si la fille Corbet a recelé tout au partie des objets ainsi volés, ces vols avaient été commis dans les conditions sus-indiquées.

3o En ce qui concerne Mougès :

Attendu que si Mougès a pris une paire de rideaux, ce fait a été aussi commis individuellement hors des conditions de l'article 440.

Par ces motifs :

Dire qu'il sera par M. le Président posé une question subsidiaire pour chacun des trois accusés, conçue ainsi :

Ledit Barré est-il coupable d'avoir à Neuilly, en 1871, commis des vols au préjudice de M. Razzy, ou de toutes autres personnes connues ou inconnues ?

La fille Corbet, est-elle coupable d'avoir recélé des objets provenant de vol ?

Le sieur Mougès, est-il coupable d'avoir en 1871, à Neuilly, volé une paire de rideaux au préjudice de M. Razzy ?

Plus, subsidiairement :

Attendu que dans le cas où le Conseil penserait que les faits reprochés aux trois accusés susnommés constituent non un vol mais le pillage prévu par l'article 440, il y a lieu d'appliquer auxdits accusés l'article 440.

Par ces motifs ;

Dire qu'en ce qui concerne chacun des trois accusés Barré, fille Corbet, Mougès, il sera posé la question suivante :

Est-il constant que ledit accusé a été entraîné par des provocations ou des sollicitations à prendre part à ces violences ?

Le 21 mai 1872,

*Signé :* Ed. Demange,
Avocat à la Cour de Paris.

Messieurs du Conseil,

M. le commissaire du Gouvernement vous a fait entendre un noble et beau langage.

Quand il dépeignait tout à l'heure en termes choisis les souffrances, les tortures des malheureux habitants de Neuilly, nous étions tous émus ; quand il retraçait avec une si chaleureuse indignation les forfaits de ces misérables bandits, tous nous frémissions de colère, et quand ils s'écriait : justice implacable pour ces bourreaux qui ont été sans pitié pour leurs victimes, de tous les cœurs s'élevait un cri de vengeance. Mais prenez garde, Messieurs, vous êtes la justice, il vous faut le calme, le sang-froid ; ne vous laissez pas entraîner par une généreuse passion ; frappez les coupables, soit, mais chacun suivant ses œuvres.

Je viens défendre devant vous trois accusés, Barré, la fille Corbet et Mougès.

Barré est celui qui encourt la plus terrible responsabilité. M. le Commissaire du Gouvernement vous disait en parlant de lui : « j'avais cru tout d'abord à la sincérité de son repentir. » Pourquoi donc avoir changé d'avis ? Est-ce que son attitude, ses réponses, ne sont pas toujours restées les mêmes? Parcourez ses interrogatoires, rappelez-vous ses confrontations avec les accusés : toujours il est sincère, franc, véridique. Il avoue toutes ses fautes. L'aveu n'est-ce pas la meilleure forme du repentir. Ses aveux ne sont pas désintéressés, dit-on, il a révélé des complices. Oh ! je n'ai nul embarras pour répondre à M. le Commissaire du Gouvernement : je le dis très-nettement, si élevé que soit l'intérêt social, je n'aime pas le voir servir par des dénonciations ; quand un homme a failli, il est beau de reconnaître sa faute, de s'humilier sous la honte, de se résigner devant le châtiment ; mais, c'est une vraie défaillance de soulever le voile qui dérobe les complices aux regards de la justice. Se sacrifier et sauver autrui, voilà ce que commande le cœur, et j'affirme que sa voix est en parfaite harmonie avec celle de sa conscience. Eh bien ! oui, Barré a eu tort de faire des révélations qui ont compromis ses coaccusés, je l'en blâme. Mais irez-vous plus loin que moi, lui en ferez-vous un reproche, vous, l'accusation ? Ne vous a-t-il pas utilement servie, a-t-il dit quelque chose, a-t-il avancé un fait qui ne soit la vérité ; ne vous a-t-il pas éclairée pour pénétrer dans tous les recoins de cette ténébreuse affaire. Parce qu'il aura été un auxiliaire utile de la justice, le jugerez-vous indigne de pitié? Vous lui refuseriez la miséricorde? Mais voyons-donc sa part dans le crime ? Cherchons, s'il est cet audacieux malfaiteur dépeint par le ministère public.

Me Demange discute les unes après les autres les différentes charges qui pèsent sur Barré ; il cherche à en atténuer la portée et il termine ainsi :

Vous connaissez l'homme, jugez-le. J'ai posé des conclusions, Messieurs, qui vous offrent une longue voie à parcourir du minimum au maximum de la peine ; proportionnez le châtiment à la faute. Ce n'est point une âme perverse avec laquelle il faut épuiser les sévérités de la loi ; Barré a subi les entraînements du docteur Ysquierdo ! Ce mauvais génie l'a fasciné, l'a précipité avec lui dans l'abîme. Je vous en conjure, ayez pitié de lui, tendez-lui une main secourable, arrachez-le à cette fange dans laquelle l'a plongé Ysquierdo. S'il ne mérite pas encore la liberté, s'il faut qu'il subisse une nouvelle épreuve il est tout résigné, mais de grâce, ne le déshonorez pas, n'imprimez pas sur son front le sceau de l'infamie. Que votre justice soit miséricordieuse.

J'ai éprouvé, Messieurs, une vive déception, en voyant l'accusation soutenue contre la fille Corbet ! Qu'a-t-elle fait, la malheureuse enfant ? Son amant à qui elle est si fidèlement attachée, a rapporté chez lui, des objets pris à Neuilly; elle lui en a fait d'amers reproches ; elle lui a interdit d'en rapporter d'autres elle l'a supplié de renoncer à cette société maudite d'Ysquierdo ; elle l'a conjuré de restituer aux propriétaires, les objets volés. Et c'est là son crime. Elle devait, dit-on, se séparer de Barré ! Conseil facile à donner ; lui était-il facile de le suivre ? Comment rompre avec un attachement de six années: les liens du cœur sont solides et durables. On pardonne à celui qu'on aime, on subit son sort, mais on ne l'abandonne pas ; il y aurait dans cette fuite une lâcheté. Marie Corbet n'en était point capable, et vous ne sauriez lui en vouloir. Mais dites-vous, pourquoi a-t-elle dissimulé les objets volés aux recherches du commissaire de police? Elle voulait sauver Barré : cette réponse ne vous suffit-elle pas. Elle eût été sa femme, vous auriez tout compris tout excusé. Elle n'est que sa maîtresse ! Mais elle a toutes les tendresses, toutes les fidélités de l'épouse légitime. Soyez humains, faites-lui grâce.

Mougès, Messieurs, vous est recommandé par M. le Commissaire du Gouvernement : c'est sa meilleure défense. Il n'était point à Neuilly ; un jour il va voir le commandant de son bataillon, on lui fait un cadeau, une paire de rideaux ; il l'accepte. Mais arrivé à Paris, il a conscience de sa faute. Ce fardeau lui pèse, il s'en débarrasse, le propriétaire est rentré en possession de ses rideaux. Voilà toute l'affaire. Qu'ai-je à dire : à vous rappeler que Mougès a sauvé la vie à un brave officier de l'armée ; le baron d'Aubier est venu demander son acquittement : la cause de Mougès est gagnée.

J'ai fini ma tâche, Messieurs du Conseil ; il me reste à vous remercier de votre attention bienveillante, à rendre un éclatant et public hommage au talent et au caractère du commandant de Garros, à vous dire combien nous sommes tous reconnaissants de votre cordial accueil, et à laisser échapper un dernier cri qui ira droit à vos cœurs de soldats : « Grâce et miséricorde. »

---

## Me BOQUILLON, DÉFENSEUR DE MONNEAU

Monsieur le Président, Messieurs du Conseil,

Je n'aurai à vous adresser que de très-courtes observations.

La modération du réquisitoire que vous a fait entendre l'élégant organe du Gouvernement me fait un devoir de ne pas abuser de votre bienveillante attention ; aussi bien, au seuil de ses longs débats, M. le Président, dans sa haute impartialité, constatait à la décharge du capitaine Monneau, mon client, la sincérité de ses réponses, et l'interrogatoire même, de ce chef, démontrait que sa situation était nette et franche de toute réticence mensongère.

Trois chefs d'accusation sont relevés contre Monneau : commandement dans une bande armée, complicité de pillage et complicité d'arrestation et de séquestration illégales et arbitraires.

Monneau ne conteste en fait, la réalité d'aucun des trois chefs d'accusation ; mais le Conseil, pour juger sainement sa conduite, doit connaître l'homme qu'il a à juger et les circonstances qui ont accompagné chacune des fautes qui lui sont reprochées.

Tel sera l'objet, Messieurs, de mes très-courtes observations.

Avant la Commune, Monneau, aujourd'hui âgé d'environ 60 ans, a toujours eu une excellente conduite. Veuf avec quatre enfants, deux fils (qui par parenthèse sont restés étrangers aux événements) et deux filles mariées, il vivait honorablement de son travail d'ouvrier serrurier.

Avant de venir à Paris, il y a quelques années, il avait habité son pays natal, commune de Wissous (Seine-et-Oise) et j'ai là un certificat du maire de Wissous qui constate que Monneau y avait une bonne réputation ; que pendant tout le temps qu'il a habité la commune, sa conduite a été exempte de reproches ; il a même été membre du conseil municipal pendant environ quinze ans, et capitaine des pompiers. C'était peut-être là une sorte de prédisposition fâcheuse à accepter plus tard la même fonction sous le régime de la Commune.

Depuis son arrivée à Paris, il a travaillé de son état chez le même patron, M. Bardin, entrepreneur de serrurerie, 25, rue de Varenne, qui lui délivre le plus excellent certificat et demande formellement à le reprendre dans son atelier.

Ce certificat est lui-même corroboré par l'attestation et la signature d'un homme dont on me permettra de rappeler le nom avec quelque orgueil, M. Bertrand-Taillet, avocat, chevalier de la légion d'honneur, qui, près du commandant Dereschoux, tué à ses côtés lors de l'entrée des troupes de Versailles, vous a aidés, Messieurs, à vous emparer du faubourg Saint-Germain, et à chasser les insurgés qui menaçaient de détruire ce quartier.

Pendant la guerre contre l'étranger, Monneau a fait son devoir ; malgré son âge, engagé comme volontaire, dans le 257e bataillon de marche, il a été aux remparts, aux avant-postes, comme simple soldat et a fait noblement et héroïquement son métier de Français.

Puis sont venus les temps troublés, la disette, les erreurs morales, la Commune ; il a continué à rester dans son bataillon comme simple garde. Un jour, il fut nommé capitaine, peut-être en souvenir de son ancien grade à Wisso , il refusa ; l'état-major (le grand coupable de toute cette affaire) insista, et il resta, pour son malheur, capitaine dans ce bataillon où il n'était entré que volontairement et et malgré son grand âge au commencement de la guerre contre la Prusse.

Voilà le passé, les antécédents. Voyons les faits.

Il a pris ou plutôt accepté un commandement dans une bande armée : le fait est constant. Mais j'observe, sans entrer dans une défense expresse à cet égard, qu'il n'a jamais commandé le feu sur l'armée régulière ; on était en deuxième ligne et les quelques coups de feu qui sont partis des rangs du bataillon, étaient contraires aux ordres donnés par les chefs et par le capitaine Monneau lui-même. Je passe rapidement sur ce premier chef, qui est général à tous les accusés, et qui ne paraît pas être la préoccupation primitive de l'accusation. Je me borne à constater qu'il n'a pas sollicité son grade ; qu'on le lui a imposé pour ainsi dire, et que son excuse, excuse banale, mais aussi vraie, hélas! qu'elle est banale, c'est le besoin de vivre qui, pour tous les malheureux, a été plus fort que le devoir.

Mais le pillage, s'écrie dans sa juste indignation M. le Commissaire du Gouvernement, Monneau s'y est livré comme tous les autres. Ce n'est pas tout à fait exact ; Monneau déclare ce qu'il a fait et il faut prendre son témoignage comme l'expression même de la vérité tout entière. Dans son premier interrogatoire, il nie toute participation au pillage ; puis quand il sait que l'on a trouvé chez une personne des objets venant de chez lui, il déclare alors la vérité, et depuis il n'a plus varié. Or, que dit-il ? « J'ai pu, avoue Monneau, pendant quelque temps, m'opposer au pillage ; mais bientôt tout le monde s'est mis à voler, les chefs comme les simples gardes. Je n'ai jamais, quant à moi, pris une part directe au pillage ; mais au dernier jour, plusieurs officiers dont il désigne les noms, ont fait cinq paquets d'objets pillés qu'ils avaient, à mon insu, déposés dans la maison où j'étais à Neuilly, et m'en ont offert un que j'ai eu le tort d'emporter sans trop savoir, d'ailleurs, ce qu'il contenait : la perquisition a prouvé que c'était bien peu de chose. » En résumé, sur ce second chef, Monneau qui, en sa qualité de capitaine, pouvait, comme d'autres, se faire la part du lion, n'a pas participé directement à la dévastation de ce malheureux Neuilly ; il a essayé de s'y opposer, et à la fin, quand il a fallu rentrer à Paris, il s'est borné, par une faiblesse coupable, mais assurément très-digne d'indulgence, à accepter un lot insignifiant, prenant ainsi sa part du butin à la façon de ce chien infidèle dont parle Lafontaine, qui désespérant de sauver le dîner de son maître, commet la faute assez légère d'en prendre sa part, et se faite à la fin le complice des voleurs qui l'ont entraîné.

Il me reste, Messieurs, à examiner avec vous la troisième accusation, la plus grave, qui pèse sur Mouneau. Le crime d'arrestation arbitraire est commun à deux des accusés seulement, Monneau et Biorret. Mon rôle de défenseur ne me donne ni le désir ni le droit d'accuser ; toutefois, et sans vouloir m'associer à l'accusation, il me sera permis tout d'abord de faire remarquer quelle différence on rencontre, à l'égard de cette partie de l'accusation, entre les deux accusés. D'un côté, Biorret, le sergent-major, ardent, la menace à la bouche, le pistolet au poing, proférant les injures et les menaces les plus violentes contre les personnes inoffensives chez lesquelles il pénètre de vive force; à côté, derrière, le capitaine Monneau, paraissant obéir à son inférieur, essayant de le calmer, rassurant les prisonniers effrayés, et jouant le rôle de pacificateur et de modérateur, dans ces scènes étranges où Biorret semble vouloir semer la terreur et l'épouvante.

Monnau, dans toute cette affaire, se montre, une fois le rôle accepté, poli, complaisant; il expulse avec douceur, rassure les malheureux qu'on arrête, et il arrive, Messieurs, à cette audience, escorté des témoignages presque reconnaissants de tous ceux qui l'ont vu, au milieu de ces scènes de dévastation et d'effroi. C'est M^me^ Grez qui déclare que Monneau lui a parlé poliment; que Monneau lui a dit que c'était parce qu'elle pouvait être là en danger.

C'est le docteur Ferrand, qui atteste la douceur et la bienveillance du capitaine. C'est M^me^ Moyson; c'est M^me^ Chapelier, c'est M^me^ Sophie Durand, c'est M^me^ David, ce sont, en un mot, tous les témoins, toutes les victimes de ces violations qui viennent attester la douceur et les sentiments serviables du capitaine Monneau.

J'ajoute, Messieurs, que Monneau qui, en agissant ainsi, rassurait toutes ces personnes, ne croyait pas, d'ailleurs, commettre à leur égard le crime d'arrestation; c'était, lui avait-on dit, et il vous l'a répété à cette audience, sur l'ordre de l'état-major qu'il agissait et dans le but de soustraire les personnes arrêtées aux dangers qu'elles couraient en restant dans leurs maisons exposées au feu des combattants. Il croyait qu'il s'agissait tout simplement de faire rentrer dans Paris ces malheureux habitants qui s'obstinaient, non sans raison, à rester au milieu du danger, pour y garder leur mobilier et le soustraire aux rapines de la garde fédérée. Or, Monneau, M. le Commissaire du Gouvernement l'a déclaré en termes exprès : « n'a jamais pris part au pillage, il n'a fait qu'en profiter. » Ce n'est donc pas dans le but de favoriser le vol qu'il a participé à l'arrestation des habitants : il obéissait à un ordre supérieur, croyant sauver ceux qu'il arrêtait, et cette mission coupable, il l'a accomplie, il faut le reconnaître, avec toute la douceur et la bienveillance possibles.

Ne faut-il pas reconnaître, enfin, que sa présence, au milieu des forcenés qu'il commandait, à côté de Biorret surtout, a été un bienfait et une sauvagarde, et ne faut-il pas presque se féliciter que Monneau ait été mêlé à ces scènes déplorables où sa présence a apporté un peu d'ordre et de discipline ?

J'ai fini, Messieurs ; mais, avant de m'asseoir, je vous demande la permission de vous présenter une dernière observation générale s'appliquant à tous les malheureux qui sont là, derrière moi, depuis quelques jours sur ces bancs.

M. le Commissaire du Gouvernement ne s'est-il pas exagéré, de la meilleure foi du monde, l'importance de cette affaire et la culpabilité de ces hommes ? On vous a rappelé à propos de cette affaire si simple et d'un intérêt secondaire dans les événements de la Commune, les massacres des otages, les scènes terribles de la rue Haxo, les assassinats des dominicains d'Arcueil, que sais-je ! En vérité, qu'y a-t-il de commun entre ces scènes horribles et sauvages et les vulgaires accusés qui sont ici ? Où est donc la ressemblance ? où sont les brigands auxquels vous faites allusion ?

Mais, vous voyez bien qu'il n'y a là que d'infimes comparses de cette affreuse tragédie. Voyez-les ; examinez-les, ce sont des ignorants, des insensés, que les malheurs de la guerre, que les événements néfastes ont égarés. Ils ont été dans les clubs écouter des discours trompeurs ; ils ont cru à l'injustice, à la trahison (qui n'a-t-on pas, hélas ! accusé de trahison ! ). La Commune est venue ; ils ont cru, c'est une folie ! à la régénération par l'insurrection ; ils ont pris les armes, ils sont allés s'exposer à la mort pour satisfaire les ambitions de ceux qui les ont trompés et qui ne sont pas ici ; et puis, les circonstances aidant, la démoralisation, la paresse et les convoitises sont venues s'emparer de ces malheureux, et ils ont volé, ils ont pillé comme de vulgaires coupables : c'est là leur rôle, Messieurs, rôle très-simple, très-petit dans ce grand drame de la Commune. La peine doit être proportionnée à leur peu d'importance.

Il me reste, Messieurs, à vous dire un mot de mon second client Migeon. Son rôle, à lui, a été des plus simples : simple garde dans son bataillon, il était cuisinier de la 1re compagnie ; il est resté étranger aux opérations militaires, mais il avoue avoir pris et vendu un châle pour 25 ou 30 francs : c'est là son seul crime. Ce châle avait été déposé dans sa cuisine ; il ignore par qui, et il n'était pas là quand on l'a apporté ; il l'a mis sur une planche où il est resté pendant tout le temps de l'occupation de Neuilly, et il avoue l'avoir emporté lorsqu'il est rentré à Paris. Migeon avoue aussi avoir pris quelques bas de laine d'enfant, deux petites poupées, je crois, il est, en effet, ce malheureux homme, jeune encore, père de cinq petits enfants qu'il a eus d'une femme avec laquelle il vit maritalement depuis longtemps : une irrégularité dans son acte de naissance l'aurait empêché de légitimer cette union. C'est, Messieurs, un des accusés le moins compromis, le moins important de ceux que vous avez à juger. Vous userez envers lui de toute votre indulgence.

---

## Me GALLET DE SAINT-SAUVEUR, POUR LAVIGNE ET LECARDI

Monsieur le Président, Messieurs du Conseil, je ne veux pas abuser de votre bienveillante attention ; aussi bien mes clients n'ont pris qu'une part très-restreinte au crime qui est soumis à votre haute appréciation.

Je me présente ici, Messieurs, au nom de Lavigne et de Lecardi, que le Conseil a bien voulu me charger de défendre et pour lesquelles j'ose vous demander un acquittement pur et simple.

Lavigne, qui est à peine âgé de 17 ans, est né dans les montagnes de la Corrèze ; au moment de la perpétration du crime, il atteignait sa seizième année, et il me serait presque permis de poser la question de discernement. Je ne le ferai pas, laissant à vos consciences et à vos intelligences éclairées le soin de décider si réellement Lavigne se rendait compte de sa conduite, s'il avait conscience de ses actes.

Pour moi, je ne le crois pas.

Il suffit de regarder mon client pour être convaincu que l'intelligence ne brille pas précisément dans ses yeux. D'ailleurs, comme j'avais l'honneur de vous le dire, c'est un enfant de la Corrèze.— Loin de moi le dessein de calomnier les Auvergnats. — Ils ont, sans contredit, les qualités de leurs défauts ; ce sont des travailleurs opiniâtres — l'opiniâtreté est le fond de leur caractère — ils sont tenaces. Ce sont de grandes qualités, mais leur intelligence est lente, leur esprit est paresseux : Lavigne n'en a que les défauts.

Ajoutez, Messieurs, que Lavigne est encore une des victimes de la corruption parisienne ; il est arrivé à Paris à un âge où l'on subit facilement les impressions du milieu dans lequel on est jeté, ne trouvant rien en lui ni dans l'éducation qu'il avait reçue, qui le prémunît contre les mauvaises doctrines et les mauvais exemples.

Mais ce qui mieux que ces considérations démontre qu'il n'avait pas le sentiment de ses actes, c'est sa conduite même.

Je ne voudrais pas, Messieurs, enlever à Lavigne le mérite d'une action que M. le Commissaire du Gouvernement a relevé en sa faveur avec une impartialité qui l'honore et dont je ne saurais trop le remercier. — Vous savez, en effet, que Lavigne, étant de faction et, ne connaissant que sa consigne, avait bravement croisé la baïonnette à des supérieurs qui voulaient sortir porteurs d'objets qu'ils avaient volés, renouvelant ainsi cette scène que la gravure a reproduite, du vieux grenadier légendaire : « On ne passe pas ! »

Et cependant c'est le même qui, le lendemain, était arrêté à la porte Bineau par des gardes nationaux sédentaires de son bataillon, scandalisés eux-mêmes de l'énorme sac d'objets volés qu'il emportait.

Une telle incohérence dans sa conduite prouve surabondamment un défaut complet de discernement.

En effet, Messieurs, de deux choses l'une : ou Lavigne, en commettant ce vol, subissait l'entraînement général, cédait aux exemples de ses camarades ; ou, ce qui est plus probable, l'incohérence de sa conduite démontrait chez lui l'absence totale de discernement. Peut-être encore, l'entraînement et l'inconscience avaient-ils une part égale dans ses actes.

Je ne veux pas développer ces idées, je les livre à votre appréciation et je suis sûr que, lorsque rentrés dans la salle de vos délibérations, vous discuterez la part de responsabilité qui revient à Lavigne, dans le vol de Neuilly, vous vous accorderez à reconnaître qu'il n'a pas pu y avoir intention criminelle de sa part, parce qu'il n'y avait pas chez lui maturité de jugement suffisante.

Quant à la part prise par Lavigne à l'insurrection parisienne, M. le Commissaire du Gouvernement ne l'a pour ainsi dire pas relevée. Chez Lavigne, c'était de l'enfantillage; peut-être aussi, comme il vous le disait, le besoin de gagner 30 sous. D'ailleurs, Messieurs, pour ce fait, comme pour celui du vol, je le place sous la protection des observations que je viens d'avoir l'honneur de vous présenter.

Lecardi est âgé de 21 ans ; il est né à Plaisance (Italie). Depuis l'année 1867, il habite Paris, où il est venu exercer sa profession de maçon. En 1870, quoique d'origine étrangère, Lecardi voulut aussi prêter à la France, sa patrie d'adoption, le secours de son bras contre l'ennemi qui l'envahissait. Il s'engagea au 2e zouave et fit vaillamment son devoir dans l'armée de l'Est. Le Conseil voudra bien lui savoir gré de sa conduite en cette occasion.

De Suisse, où il était interné, il fut dirigé sur Avignon, où était le dépôt de son régiment. Là, je prie le Conseil de vouloir bien le remarquer, ce fait est important pour expliquer la présence de mon client à Paris au moment de l'insurrection ; il reçut une feuille de route à destination de Paris. Cette feuille de route est jointe à son dossier.

Il arriva à Paris le 26 mars. A ce moment, l'insurrection était maîtresse et formait ses légions. On vint le chercher ; en vain prétexta-t-il, pour ne pas servir la Commune, sa qualité d'Italien ; — il ne put trouver deux témoins pour justifier de sa nationalité étrangère ; — il fut incorporé au 257e bataillon, où il n'a jamais été que simple garde. Il suivit la fortune de son bataillon et se rendit à Neuilly.

Sa part à l'insurrection est donc des plus subalternes. Il n'a marché que contraint et forcé.

Pour ce qui est du fait de vol, je n'ai pas besoin d'insister ; M. le Commissaire du gouvernement l'a défini lui-même, et je ne puis mieux faire que de vous répéter ses propres paroles.— Quant à Lecardi, a-t-il dit, il n'a commis qu'un vol insignifiant.

Aussi, Messieurs, j'attends avec confiance votre verdict, et j'ose espérer que prenant en considération les bons antécédents de mon client, sa conduite pendant la guerre et sa longue détention préventive, vous voudrez bien user d'indulgence à son égard et l'acquitter.

---

## Me SAINT-FÉLIX, POUR BESSON, FILLE DELLIÈRE, Mme DUPRAT.

Messieurs,

J'ai l'honneur de défendre devant vous trois accusés. Je vous présenterai quelques courtes et rapides observations en faveur du jeune *Besson*.

J'établirai à vos yeux la malheureuse et pénible situation de la fille *Dellière*,

Et je vous demanderai l'acquittement de la femme *Duprat*, en la plaçant sous le triple patronage : 1° de la parole si mesurée et si humaine de M. le Commissaire du Gouvernement; 2° de la note favorable qu'a bien voulu lui accorder M. le Capitaine-Rapporteur, qui a instruit avec un zèle et un talent si remarquables cette lourde et laborieuse affaire; 3° et des témoignages bienveillants et justes de l'honorable conseiller M. Razzi, qui, par le dévouement, la patience et le courage civique qu'il a déployés, a puissamment aidé l'action de la justice dans ces longs débats.

1°

Et d'abord examinons l'accusation qui pèse sur le jeune Besson.

Messieurs du Conseil, plein de confiance dans vos lumières et dans votre sagesse, abritant l'accusé Besson sous le bénéfice des conclusions si vraies, si nettes de M. le Commissaire du Gouvernement, conclusions si consolantes pour mon client, son défenseur n'aura à présenter que quelques courtes et rapides observations à votre bon esprit de justice. Et puis, réclamant votre clémence, il osera vous demander son acquittement.

Comment se fait-il que cet enfant, — car ne l'oublions pas, Besson n'avait point encore seize ans en mai 1871, — comment se fait-il, dis-je, que cet enfant se trouve aujourd'hui placé sur le banc des criminels?

C'est là le résultat d'une triste fatalité...

Besson, qui a pour mère une digne et excellente femme, avait été placé par ses soins vigilants en apprentissage, avant notre désastreuse guerre contre la Prusse, chez un maître bourrelier. Intelligent, actif, honnête et travailleur, cet enfant qui avait toutes les impatiences de la jeunesse parisienne, sut conquérir l'estime et la considération de son patron. — Il travaillait et il vivait insouciant et heureux... Mais un jour, jour de deuil pour la France! — la guerre éclata.... Vous connaissez les péripéties de ce drame que l'histoire seule pourra juger... Paris fut bloqué... L'atelier se ferme et le travail cesse. Tout fut soldat dans la noble capitale... Besson étant sans ouvrage, courut les rues des Batignolles... Il rôdait sur les places publiques. Ardent, il aurait voulu un fusil; mais il était trop jeune. Après les dures souffrances du siége, Paris commençait à respirer, lorsque le 18 mars, de sinistre mémoire, vint nous plonger tous dans la stupeur... Dès cette heure fatale, tout s'arrêta, vous le savez. Les ateliers furent vides ; seules les boutiques des marchands de vin et les places publiques étaient remplies !

L'enfant Besson allait chaque jour flâner... Il est si bon à cet âge de ne rien faire, et de courir en toute liberté au soleil..... Besson va voir les bataillons de fédérés aux squares de Batignolles... Cela l'amuse... Les uniformes le séduisent... Et lui aussi veut jouer au soldat. C'était la réalisation du rêve caressé depuis si longtemps.

Pour son malheur il trouve sur sa route un mauvais génie... le docteur Ysquierdo !

Cet homme infernal s'empare de cet enfant. Il le fait garde national sans armes ; il l'enrôle ; et puis il se l'attache personnellement. Il en fait un domestique à raison de quinze francs par mois qu'il ne paye jamais...

Le docteur Ysquierdo va à Neuilly avec le 257e fédéré, Besson le suit... Il emboîte le pas... C'était le domestique obéissant au maître... Cependant Besson n'a jamais été l'instrument passif pour le mal ! L'omnibus d'ambulance emporte des paquets, produits du pillage. Besson descend les paquets ; aide à les déposer dans les divers domiciles de l'Espagnol qui, après avoir reçu l'hospitalité dans notre France, cherchait à la déshonorer.

L'enfant obéissait, mais ne volait pas...

Un jour il traînait un gros paquet pour les charger sur un omnibus, cet omnibus d'ambulance transformé en voiture de déménagement. — Des flancs de ce paquet s'échappe un gros livre... et curieux il le dévore des yeux... C'était un *Don Quichotte* illustré... On presse Besson... Besson garde le volume pour revoir les gravures... Et puis Besson replace le livre dans l'omnibus.

Voilà tout ce que l'on pourrrait reprocher à cet accusé imberbe... Cela... et puis encore son insouciance et sa pauvreté. Il a été domestique, et fidèlement il a fait son service. Voilà tout.

Mais, Messieurs du Conseil, Besson n'avait pas seize ans, et nous étions dans un de ces moments de tourmente révolutionnaire, où les têtes les plus solides et les mieux organisées des hommes dans la force de l'âge sombrent !... Voyons, réfléchissons froidement et demandons-nous... si cet enfant ne se trouve pas en plein dans le cas prévu par l'article 66 du Code pénal; article qui veut qu'on acquitte un accusé qui n'avait pas seize ans révolus lors de la perpétration du crime ou du délit. Je laisse à vos consciences le soin de juger cette question.

Mais je dois, pour ne laisser aucun doute dans vos esprits, vous faire connaître entièrement Besson, et le faire avec les témoignages que j'ai puisés dans le dossier de M. le commissaire du Gouvernement.

Dans son remarquable rapport M. l'Officier instructeur dit :

« Besson a été franc dans ses aveux : Besson a témoigné un grand repentir. S'il avait eu pour maître un honnête homme et non un voleur, il fût resté ce qu'il a été toujours : un honnête enfant. »

Poursuivons : quelle a été la dernière parole de M. le Commissaire-Rapporteur ?

« Besson, domestique d'Ysquierdo, n'avait point seize ans... Il a été entraîné par des misérables qui l'ont

« exploité... Et, si nous sommes étonné de quelque chose, « c'est qu'il n'ait pas fait plus qu'il n'a fait. — Il s'est mon- « tré franc et énergique dans ses aveux... Il se repent, sa « mère le réclame. »

Et nous lisons dans un certificat délivré par un de nos plus honorables magistrats, le procureur général Mongis, commandeur de la Légion d'honneur :

« La femme Henrion, mère du prévenu Besson, qui a été « ma locataire, est une excellente mère et une femme fort « honorable qui, par son travail, a su conquérir une hono- « rable aisance. » *L'aurea mediocritas* d'Horace. — Et M. le procureur général ajoute : « Si son fils Ernest Besson lui « était rendu, sa mère saurait subvenir à ses besoins et « surveiller sa conduite. » — Il finit en disant : « Ce gar- « çon, cet enfant est très-repentant de s'être laissé entraî- « ner, et son patron, M. Blanvillain, bourrelier, est tout « prêt à reprendre son apprenti. «

Voilà l'enfant : voilà ses répondants.

Vous rendrez donc, Messieurs du Conseil, cet enfant à sa mère, sa bonne mère qui, chaque jour, le cœur navré, vient dans cette enceinte à ces tristes débats, appelant de tous ses vœux l'heure de la délivrance de son fils. Vous le rendrez à son patron qui vous le réclame. Et Besson en rentrant dans la vie, soutenu et par la famille et par le travail, — le travail, gloire et fête de l'homme, selon l'expression si vraie et si poétique d'un de nos plus grands philosophes, — Besson, dis-je, se réhabilitera, se fortifiera dans le bien, Besson deviendra digne d'entrer un jour le front haut à l'école de l'armée, de cette noble armée de la France, armée toujours laborieuse, toujours ferme et loyale, véritable assise de la société ; armée qui, comme le disait avec tant de raison du haut de la tribune parlementaire, M. le duc d'Audiffret-Pasquier, nous a sauvé en 1848 et 1871, et qui nous sauverait encore si nous étions menacés... Là, au milieu de vous, je le sais, à cette école du devoir et du dévouement, Besson deviendra un digne citoyen.

2°

Messieurs,

Le Commissaire du Gouvernement, avec sa parole si digne, si honnête et si autorisée, nous disait hier dans un beau mouvement d'éloquence indignée :

« Rien, non rien de politique, rien d'humain ne se trou-
« vait dans la Commune!... C'était une liquidation so-
« ciale que poursuivaient ces hordes de misérables qui, après
« avoir terrorifié Paris, ont livré notre belle capitale aux
« flammes de l'incendie, fusillant les otages, saccageant et
« renversant nos monuments publics, vraies gloires de la
« France, qui sont aussi le patrimoine du monde civilisé. »

Vous avez dit vrai et vous avez justement dit Monsieur le Commissaire du Gouvernement... Et nous tous, nous partageons vos nobles élans d'indignation, tout en applaudissant aux légitimes sentiments de mépris et d'horreur qu'excitent dans votre cœur généreux les souvenirs des crimes honteux de la Commune. — C'était bien la liquidation sociale que voulaient les hommes de cette odieuse dictature qui a siégé à l'Hôtel de Ville, ajoutant aux désastres de la guerre étrangère et de l'invasion les hontes et les forfaits de la guerre civile.

En s'écroulant dans le feu et le sang, le gouvernement insurrectionnel du 18 mars nous a laissé la faillite communale... Et, c'est à l'armée, cette force vive de la nation, que la société a confié le soin et l'honneur de liquider ce passif si lourd de crimes et d'infamies.

Oui, c'est le passif de la faillite communale qui, depuis bientôt une année, vient chaque jour se dérouler devant les conseils de guerre. Établissons, Messieurs du Conseil, établissons son bilan.

Et d'abord, permettez-moi de le diviser en trois grandes classes, ce sera justice. Nous trouvons donc :

1° La catégorie des criminels;

2° La catégorie des égarés ;

3° La catégorie des malheureux.

Si tous sont coupables aux yeux de la loi, il y a les malheureux et les égarés qui peuvent être excusables et pour lesquels vous pouvez prodiguer les trésors d'indulgence et même de clémence qui sont dans vos cœurs.

Oserai-je prendre la liberté de placer ma cliente, la malheureuse fille Dellière, dans les rangs des malheureux qui ont droit à votre miséricordieuse clémence?... Oui, Messieurs, oui, la fille Dellière doit prendre rang parmi les égarés et les malheureux.

Dans cette jeune existence, elle entre à peine dans la vie, elle a vingt-deux ans. — Dans cette existence pèsent, en effet, un grand malheur et une grande faute.

Un grand malheur a déjà frappé la fille Dellière. Henriette Dellière est née à Laval de parents fort honorables, estimés de tous les honnêtes gens. A peine cette enfant avait-elle atteint sa septième année que la fatalité la frappa.

Elle perdit sa mère... Sa mère, le seul, le vrai, l'unique soutien pour une fille!... Ce n'est pas tout, Henriette n'avait pas encore quatorze ans lorsqu'elle vit mourir son père, son protecteur. Là voilà donc seule sur terre... seule... Non, elle avait pour la soutenir : Dieu et le travail!...

Elle a travaillé... et jusqu'à l'âge de dix-huit ans, époque à laquelle elle a eu la malheureuse idée de quitter Laval, Henriette est restée honnête, bonne ouvrière, et digne de l'estime et de la confiance de tous.

Permettez-moi, Messieurs, de vous lire le certificat dûment légalisé, qui m'a été adressé par M. le Maire de Laval.

C'est après enquête faite par M. le Commissaire de police, que l'honorable magistrat municipal m'a fait parvenir cette pièce ; — je lis :

« Laval, le 8 mai 1871.

« Monsieur le Maire,

« La nommée Dellière (Henriette-Marie), détenue à la « prison de Saint-Cloud, est née à Laval, le 21 décem- « bre 1848... Elle était ouvrière modiste, a fait son appren- « tissage chez Mlle Thuot, lingère, rue de Tours, n° 6, où « elle est restée pendant cinq ans, c'est-à-dire jusqu'à l'âge « de dix-sept ans, et elle n'a eu qu'à s'en louer sous tous « les rapports. Elle demeurait rue Bachéry, chez ses pa- « rents. Elle a travaillé ensuite chez Mme Oger, rue de la « Paix et est partie pour Paris vers la fin de mars 1868. On « n'a rien à lui reprocher. — Ses père et mère sont « morts... »

Voilà l'orpheline!... Elle est seule... Et l'honnête ouvrière, sans appui, sans conseil, séduite par les merveilles de Paris, de ce Paris si grand, si beau de 1867 et 1868 — obéit au mirage fascinateur .. Elle veut voir la capitale... Elle aspire après la grande ville. La jeunesse lui souriait; elle était bonne ouvrière, laborieuse, elle espérait à Paris un avenir meilleur... Permettez-nous, avant de quitter Laval, de vous faire connaître le certificat que lui donne la maison Oger :

« Je certifie que M^lle^ Henriette Dellière a travaillé chez « moi pendant deux ans et que pendant ce temps sa con- « duite a toujours été bonne et honnête. Je n'ai eu qu'à me « louer de son exactitude dans son travail et de sa pro- « bité. »

Vous connaissez la fille Dellière jusqu'à l'âge de dix-neuf ans. Elle arrive à Paris la tête pleine d'illusions... Elle avait quelques économies, elle savait travailler, elle voulait travailler, la pauvre enfant se croyait riche. Hélas! elle n'était riche que d'espérances... Car Paris est avant tout le théâtre de la lutte, de l'énergie, de l'obstination. Elle n'était qu'une faible femme, ignorante des dangers de la grande ville. Que vous dirai-je?... L'enfant succomba... Oui, la malheureuse Dellière commit une grande faute le jour où elle connut Moulin...

Cette fatale connaissance l'a conduite sur ce banc d'infamie... là, où tous viennent l'accuser.

Poursuivons... La défense vous a montré la fille Dellière honnête, probe, bonne ouvrière à Laval ; c'est son devoir de vous la montrer à Paris travaillant et gagnant honorablement sa vie.

Voici un certificat bien en règle qui établit péremptoirement que, malgré sa faute, sa grande faute, la fille Dellière jouissait de l'estime et de la confiance des honorables personnes qui l'ont successivement employée.

« Nous, soussignés, certifions que la nommée Henriette « Dellière a travaillé chez nous l'espace de trois années « environ. Pendant ce temps elle a toujours fait preuve « de bonne conduite, ainsi que de probité. Sur ce nous lui « délivrons le présent certificat. »

Paris, ce 13 mai 1872. — Suivent dix signatures, certifiées par M. le Commissaire de police du quartier des Ternes, à Paris.

Pendant deux années elle a vécu avec Moulin ;— et aujourd'hui elle expie cruellement cette union illégitime. Elle sait aujourd'hui que ce n'est pas en vain qu'on se met en dehors de la loi et de la religion.

Nous arrivons ainsi à la néfaste date du mois de septembre 1870. — Vous le savez : les suites déplorables d'une lutte héroïque mais désastreuse amenèrent le siége de Paris. Dès ce jour le travail cessa... Et, dans ces modestes ménages d'ouvrier, lorsque le travail sort par la porte, l'épargne s'épuise, et la misère et la faim pénètrent dans le logis par les fenêtres... Pendant ce long siége, la fille Dellière vit partir une à une ses économies... Ils s'envolaient à tire d'aile, hélas! pour ne plus revenir, ces fruits du travail... Et dans la commode vide de l'ouvrière nous ne retrouvons plus que quelques chiffons de papier sali, des reconnaissances du Mont-de-Piété.

C'est de la réalité cela, Messieurs du Conseil... Et, après la guerre étrangère, après un répit de quelques jours, après un armistice qu'il ne nous appartient pas de juger, surgit l'horrible Commune. Ce fut le dernier coup porté au travail...

Moulin resta dans son bataillon... Moulin suivit son bataillon à Neuilly. — Oh ! soyez sans crainte, vous, nos accusateurs, pas une parole de reproche, pas une parole amère ne tombera de nos lèvres, — nous ne récriminons pas, nous saurons souffrir en silence.

Moulin avait un grade... Il gagnait de l'argent; et la petite chambre était vide; et pas un sou à la maison... Pas même du pain...

Alors la fille Dellière, qui avait partagé, dans les temps heureux avec Moulin, — la fille Dellière alla rejoindre son compagnon... Elle avait faim, la pauvre enfant... et elle était sans ouvrage. Ses pratiques avaient quitté Paris. Il fallait vivre !...

Elle alla à Neuilly... Que fit-elle ?...

C'est ici que nous sommes forcé de saisir corps à corps l'accusation... Car c'est ici que commence notre crime, dit la prévention, — notre malheur, dit la défense.

Oui, nous sommes accusés de deux grands crimes :

1° Participation à un attentat qui a pour but de porter le pillage et la dévastation dans la ville et la banlieue de Paris, et de renverser le gouvernement;

2° Complicité de vol et de pillage dans des maisons habitées en bandes et à force ouverte.

D'abord, qu'il soit permis à la défense, avant d'entrer dans la discussion de ces charges, de vous dire que la malheureuse Dellière, honnête jusqu'à cette heure, n'a pu devenir en un jour, en une minute, tout à la fois, une énergumène, une voleuse, une pillarde... Toujours, vous le savez, les fautes, les délits, précèdent les grands crimes.

Examinons les faits :

Nous n'insisterons pas sur le chef d'accusation de participation à la guerre civile. Avec son grand cœur, M. le Commissaire du Gouvernement l'a pour ainsi dire abandonné en voyant l'inanité des preuves. Mais par les débats des dernières audiences, vous avez pu vous convaincre, Messieurs du Conseil, que les accusations Gamel et Lieutaud, accusations de la dernière heure, formellement contredites par le témoignage énergique de Serpe, étaient trop intéressées et surtout trop vagues pour être sincères.

Il y a eu contradiction sur les heures où la scène du coup de fusil se serait passée à la barricade Peyronnet. Lieutaud prétend avoir vu la fille Dellière désarmer, souffleter le garde fédéré et de plus avoir vu cette fille tirer un coup de feu...

Gamel n'a rien vu de cette scène... Il a entendu seulement un coup de fusil.

Serpe, lui, le garde désarmé et souffleté, ne reconnaît pas la fille Dellière pour la femme qui lui a enlevé en le maltraitant son arme, à la barricade. — Bien plus, Serpe déclare que si on lui représentait la femme qui l'a souffleté, il la reconnaîtrait très-bien. — Vous l'interrogez, Monsieur le Président, vous lui montrez la fille Dellière, et Serpe répond très-carrément : « Non, non, ce n'est point cette demoiselle. »

Donc le fait n'est point prouvé...

Mais voyez, comme souvent de fausses imputations peuvent avoir de terribles conséquences !

Arrêtée une première fois en août 1871, après un inter-rogatoire du Commissaire de police et deux jours de dé-tention, elle est mise en liberté. — Une seconde dénonciatio a lieu; des perquisitions sont faites au domicicile de la fille Dellière, qui s'empresse de rendre les trois objets dont son amant Moulins lui a fait cadeau, à savoir : un bout de chaîne en or; — une broche détériorée — et un petit camée, et sur un cancan tenu par Deffaux, garde au 257e bataillon fédéré, cette fille est de nouveau arrêtée e écrouée à Saint-Lazare. L'instruction de cette laborieuse affaire du pillage de Neuilly se poursuit par les soins de l'honorable M. Lambert des Cilleuls, et ce digne ma-gistrat, après un minutieux examen, fait mettre la fill Dellière de nouveau en liberté.

Libre, Mlle Dellière s'empresse de reprendre son travail et les portes de ses anciens clients lui sont toutes grande ouvertes. Elle oubliait, la pauvre enfant, les jours de mal-heur. Elle commençait à respirer, et à espérer, lorsqu surgit cette accusation étrange du coup de fusil à la bar-ricade Peyronnet, agrémentée d'un soufflet donné par un main de femme à un garde fédéré.

Et, alors pour la troisième fois, la fille Dellière fu arrêtée sous l'inculpation que vous savez... Et depuis, ell gémit dans les prisons, et aujourd'hui elle se trouve cloué sur le banc des criminels.

Voilà la fatalité...

Je ne vous ferai pas l'injure d'insister sur ce chef d'ac-cusation, écarté du reste par le ministère public; mais j devais vous le faire connaître, le discuter devant vous pou vous démontrer l'influence désastreuse qu'a eue cette dénonciation si légère et si obstinée.

Nous arrivons à la complicité de pillage.

J'ai eu l'honneur de vous dire dans quelles circonstances et pour quelles causes la fille Dellière est allée à Neuilly. Vous le savez, elle allait demander à Moulin de quoi vivre!... Elle qui avait tout sacrifié pour cet homme, elle croyait en lui.

Que fait-elle à Neuilly ?

Son rôle est bien effacé... complétement passif... Du reste, que pouvait-elle?... Quelle aurait été son autorité?... Elle arrive à Neuilly vers le 14 mai... Elle reste deux jours et une nuit dans un milieu impossible... Et, curieuse, comme toutes les femmes, elle suit les gardes qui la conduisent; elle va voir les ruines faites par la mitraille. Elle se laisse entraîner... Son amant Moulin lui donne quelques colifichets, elle les accepte... Elle est légère... Mais de là à la complicité de pillage à force ouverte par une bande armée, il y a tout un abîme... Du reste, en étudiant sérieusement cette affaire, j'ai vainement cherché, même dans les dépositions les plus acrimonieuses, les faits qui pourraient constituer le crime qu'on nous reproche, Aucun n'a les caractères exigés par la loi pour qu'on puisse dire: La fille Dellière est complice du pillage. Et en matière criminelle, vous le savez, Messieurs du Conseil, il faut en dehors de preuves certaines, irrécusables qui nous manquent ici, il faut encore des faits, des actes bien caractérisés et tels que la loi pénale les définit.

Nous ne les avons pas.

Ici, se trouve une malheureuse fille, qui ayant commis

une grande faute aux yeux de la morale, se voit par sa fatale position entraînée dans un milieu détestable... Elle en a subi l'influence pernicieuse... Et si elle a faibli, elle a été cruellement punie... Elle s'est vue accusée par tous... Elle était faible, on l'accablait...

Mais elle pleure, la pauvre fille... Elle n'a que ses larmes pour la défendre,— et nous, son conseil, nous, son défenseur, nous recueillons toutes ses larmes, et nous osons vous dire, Messieurs du Conseil, dans cette âme qui se désole se trouve le repentir, cette grande vertu des mortels, le repentir sincère qui amène toujours le pardon. Pardonnez-lui parce qu'elle a péché.

Elle est seule, seule contre tous. — Permettez-nous donc, après avoir jeté aux front de ses accusateurs les sublimes paroles du Christ : « Que celui qui est sans péché, jette la première pierre, »— permettez-nous de placer, avec toute confiance, la malheureuse Dellière sous la bienveillante protection du Conseil. Elle a foi en vous... Et nous, son défenseur, nous réclamons pour elle, pour sa faute expiée par une longue prévention, pour son repentir, la plus grande indulgence; bien plus, nous qui savons qu'un cœur humain et généreux bat dans vos nobles poitrines de soldats, nous espérons, nous sommes sûr que tout en étant justes, vous serez miséricordieux pour cette pauvre femme, malheureuse et égarée.

3°

Messieurs,

Je croirais manquer à mon devoir, avant d'aborder la

défense de Mme Duprat, si je ne rendais un public hommage à la modération, à la mesure et à la loyauté avec lesquelles M. le Commissaire du gouvernement a exposé les charges qui pèsent sur elle, tout en réclamant en sa faveur la commisération du Conseil.

Merci pour elle, monsieur le Commandant. — Vous qui, soutenant l'accusation avec votre brave et généreux cœur de soldat, cherchez avant tout la vérité, heureux de trouver un innocent et de proclamer son innocence, vous nous avez montré notre devoir ; aussi vous dirai-je : Merci pour son défenseur.

En prenant la parole en faveur de Mme Duprat, la défense n'hésite pas ; car, ici, elle se trouve sur un terrain solide, — sur le terrain de l'honnêteté, ce terrain sacré, inviolable qui a pour base la loi religieuse et la loi civile, pour couronnement le devoir accompli. — C'est sur ce terrain que nous rencontrons la femme Duprat. Oui, Messieurs du Conseil, oui, dans toute l'acception du mot, Mme Duprat est une honnête femme.

Permettez-moi de vous la faire connaître tout entière. Elle n'a rien à cacher.

Et d'abord étudions-la comme jeune fille. Prenons-la enfant... Quels sont ces principes ? Où les puise-t-elle ? Ses principes sont ceux qui font de l'enfant une honnête fille, une excellente épouse et une bonne mère : elle les puise dans la famille et dans le religion. Jeune encore elle eut le malheur de voir mourir sa mère ; et son père, un infatigable travailleur, un digne serviteur, sentant tout le vide que laissait dans la famille la perte irréparable qu'il venait de faire, s'empressa de placer son enfant chérie dans une de ces bonnes maisons religieuses où l'on donne ces éducations chrétiennes si fermes et si solides qui résistent à toutes les épreuves et surnagent toujours, même après les plus affreux naufrages.

Jusqu'à l'âge de dix-huit ans la fille Saingier resta dans le couvent des sœurs de la Charité, à Perrinchy. Elle quitta cette maison pour venir sous-maîtresse dans l'établissement des sœurs de la rue Ville-l'Évêque, à Paris. Ici nous avons à produire le certificat qui constate que, pendant quatre années, qu'elle a exercé dans cette maison les pénibles, mais si honorables fonctions de sous-maîtresse, sa conduite, sa tenue ont été irréprochables. Les sœurs font d'elle le plus grand éloge. Voilà l'enfance et la jeunesse de Mme Duprat.

Elle arrive ainsi avec toutes les saintes illusions du couvent, ne connaissant rien de la société, sans défense aucune, dans la vie, au milieu d'un monde tout nouveau pour elle.

Elle avait vingt-trois ans, vingt-trois ans d'âge, mais aussi vingt-trois ans d'innocence. A cette époque elle fut demandée en mariage; et, après tous les renseignements pris, renseignements qui représentaient le prétendu comme un très-bon sujet, ancien soldat possédant les plus honorables certificats, ayant dans la Compagnie du chemin de fer de l'Ouest un poste de confiance qu'il remplissait avec honneur et probité depuis plusieurs années, le père de famille consentit à donner sa fille à M. Duprat. Que vous dirais-je... La fille Saingier épouse Duprat. Les premières années de cette union furent heureuses. Travailleurs et honnêtes, les nouveaux mariés conquirent, avec l'estime de tous, une modeste aisance qui accroissait leur bien-être.

Fille sans reproche, Aimée Duprat sera une honnête femme. Celle-ci comprend et aime ses devoirs.

Femme selon la *loi civile*, elle a pour son mari : fidélité, soumission, crainte même. Femme selon la *loi religieuse*, elle aime le protecteur que le ciel lui a donné, elle a pour lui : respect et dévouement. Elle est, cette femme, de cette classe sainte et forte, de cette classe sacrée pour tous, de cette classe bénie où nous trouvons nos mères !...

Vous connaissez maintenant et la fille Saingier et la femme Duprat !...

Tout ce que j'ai eu l'honneur de vous faire savoir de la vie de Mme Duprat, Messieurs du Conseil, est foncièrement vrai ; tout cela est appuyé de preuves irrévocables, preuves prises dans le dossier de M. le Commissaire du gouvernement, dans les notes si précises et si loyales du remarquable rapport de M. le Capitaine instructeur, dans les impressions que nous ont laissées les témoignages si fermes et si circonstanciés de l'honorable conseiller Razzi et du Commissaire de police, et aussi dans les nombreux certificats que voici, tous émanant des autorités les plus respectables et les plus dignes de foi.

Permettez-moi de discuter maintenant les charges de la prévention.

Qui nous accuse ?

De quoi nous accuse-t-on ?

Quatre témoins portaient une accusation contre nous... quatre témoins... je me trompe, un seul témoignage reste, celui de la femme Désapheix ; et, celui-là, vous le connaissez, je ne le discuterai pas. Il est par trop intéressé pour ne pas être suspect.

MM. Razzi et le Commissaire constatent sans nous accuser; et, si nous, défenseur de la femme Duprat, nous avons bien compris, ces deux honorables magistrats sont les premiers à nous excuser et à nous plaindre. Dans sa loyauté, M. le Commissaire du gouvernement ne nous a-t-il pas mis presque hors de cause ?

Reste donc le témoignage de la femme Désapheix. Nous y reviendrons tout à l'heure; car, ayant à cœur de tout prouver,— nous voulons tous, ici, la lumière et la vérité,— nous discuterons tout. Et, en plein jour, au soleil, nous allons étaler la conduite tout entière de la femme Duprat. Elle n'a rien à dissimuler.

Le 10 du mois de mai 1871, — jour, pour elle, de bien triste mémoire,— son mari se laisse nommer chef du 257e bataillon fédéré.

Le malheureux part la nuit même pour Neuilly, vous savez dans quelle conditions et sous quelle influence. Ce bataillon avait un mauvais génie, l'Espagnol Ysquierdo, cette fatale et cruelle figure qui a disparu comme elle devait disparaître... ce dangereux étranger qui porte malheur à tout ce qu'il touche, — n'a-t-il pas flétri la jeunesse de Besson, — fut pour Duprat et sa malheureuse femme, la cause directe de leur perte. Il est mort!... Plus une parole ne doit troubler sa cendre. Dieu, ce seul juge qui a le droit et le pouvoir d'être inflexible, Dieu dans son infaillible justice a prononcé, à nous d'incliner notre front.

Le bataillon arrive à Neuilly et prend ses cantonnements dans la journée du 12 mai. Déjà à cette époque le pillage de cette malheureuse localité avait commencé depuis longtemps. Quelques jours après l'omnibus de l'ambulance, conduit par le cocher Vernot et monté par Ysquierdo et Besson, arrive de Neuilly et s'arrête devant la porte de la maison habitée par Mme Duprat, aux Batignolles.

Ysquierdo, toujours lui, descend de l'omnibus, et porte un paquet chez Mme Duprat. Ceci est prouvé par le double témoignage du concierge et du cocher. Vous les avez entendus tous les deux.

Que contenait ce paquet?... Divers objets provenant évidemment du pillage de Neuilly... On le remet à la femme Duprat... Ysquierdo se retire. Que pouvait cette pauvre femme?... Elle ne savait rien de ce qui se passait là-bas... Ignorante, inquiète, tourmentée elle va le lendemain voir son mari. Elle y va, c'est vrai, dans la voiture d'Ysquierdo... Mais que va-t-elle faire cette première fois à Neuilly? Elle va demander à Duprat des explications sur les objets que lui a remis le docteur espagnol. Elle veut savoir, et elle veut aussi prendre les ordres de son mari. L'entrevue fut triste. Et lorsque la femme dit : « Que dois-je faire? » Le mari répondit : « Mon amie, garde tous ces objets; mets-les en lieu sûr; et aussitôt libres, nous les rendrons à leurs propriétaires. » — Voilà la vérité.

Peut-on trouver là, dans cet acte conservateur, les caractères que la loi criminelle exige pour la complicité de vol et de pillage à force ouverte et à bandes armées? Non, mille fois non. Rien de ce que demandent, de ce qu'exigent impérieusement les articles 59 et 60 du Code pénal, ne saurait être relevé contre la femme Duprat. Oh! elle n'est pas complice; car si vous pouviez voir en elle une complice, nous, nous nous étonnerions alors de voir sur le banc d'accusation seule cette honnête femme, tandis que les vrais complices se trouvent en liberté. Je m'arrête.

La femme Duprat passe une partie de la journée à Neuilly. On lui fait voir les horreurs de la guerre civile : la destruction des immeubles par le canon et l'incendie, le pillage des objets mobiliers, et surtout des caves, par des hommes revêtus de l'uniforme de garde national. C'est ici que je prie Messieurs les membres du Conseil de me prêter toute leur attention. A la vue de ces actes de désordre, les bons sentiments de cette honnête femme se révoltent. Et elle, dont la timidité va jusqu'aux extrêmes limites de la faiblesse... elle devient forte, elle va protester!... Elle s'indigne, car elle ne comprend rien à ces actes abominables... Elle, la bonne sous-maîtresse des écoles chrétiennes de Perrenchy et de la rue de la Ville-l'Évêque, ne voit là qu'un acte criminel réprouvé par la loi et la religion. Et quand sa protestation s'élève de son âme et se trahit par un sentiment de répulsion, on lui répond, et ceci est prouvé par des témoins oculaires, on lui répond : « Qu'elle est une petite fille, et qu'avec ses idées de religion elle ne peut ni ne doit rien comprendre aux actes de la révolution. »

Que vouliez-vous qu'elle fît?

C'étaient là, vous le savez, les conséquences funestes de cette déplorable maxime exploitée par les ambitieux de tous les temps et de tous les pays : « La révolte est le plus saint des devoirs!... » C'est avec des idées pareilles, — je n'ai ici ni à les discuter, ni surtout à les apprécier, — avec des idées aussi subversives qu'on renverse les institutions, qu'on produit les cataclysmes et qu'on conduit une nation comme la France à sa décadence, à sa ruine !... Nous avons vu ces affolements en juin 1848 et en septembre 1870.

Et nous accuserions une faible femme de n'avoir pu résister, seule, à ce torrent dévastateur ! Le pouvait-elle?... Mais elle a eu plus de courage que ceux qui avaient fui... Elle a du moins protesté.

Poursuivons :

Mme Duprat, le cœur brisé, l'âme navrée, seule, toujours seule, rentre dans la maison conjugale. Oh! Messieurs, épargnez-moi la douleur de vous faire le tableau de cet intérieur de la famille à cette heure, désert, vide, désolé !... En rentrant, elle pleure, l'épouse en deuil, — elle gémit, la sainte femme, succombant sous le poids de l'infortune et de la fatalité.

Quelques jours s'écoulent... son mari lui fait demander du linge. Toujours soumise, toujours obéissante, elle s'empresse de se rendre à la voix, aux ordres de son époux. Elle l'aime, lui en ferait-on un crime ?.. Elle revient donc à Neuilly. Voilà son second et dernier voyage. A nous de vous le faire connaître, à nous de l'expliquer :

Oh ! cette fois la pauvre femme va dans ces lieux en tremblant. C'était vers le 18 mai 1871. La lutte était acharnée, et l'on sentait que bientôt allait sonner l'heure de la mort de la Commune et de la délivrance de Paris. Mme Duprat se rend auprès de son mari, bien triste, bien soucieux, car il se voyait débordé. Elle lui remet le linge demandé... Mais alors plus de promenade, plus de fleurs à cueillir, plus de pérégrination dans les maisons désolées !... L'heure du dîner arrive, et pour rester quelques instants de plus auprès de son mari, elle dîne avec lui à l'état-major de la rue Peyronnet... Au moment du départ, l'artillerie faisait rage des deux cotés; les boulets, les bombes et les boîtes à mitraille pleuvaient partout, tuant, incendiant, ravageant... son mari ne veut pas la laisser sortir, il ne veut pas qu'elle retourne à Paris la nuit, il ne veut pas l'exposer à une mort certaine. La femme obéit, elle couche à Neuilly, et le lendemain, de bonne heure, elle rentre à Batignolles. En quittant Duprat, ce dernier lui recommande encore de veiller sur les objets qu'Ysquierdo et Besson ont déposés dans leur demeure, de les enfermer soigneusement dans une caisse, afin qu'on puisse les rendre intacts à leurs propriétaires.

Voilà toute sa conduite.

A partir de ce moment, l'épouse Duprat est seule, bien seule, veuve de son mari absent... Que va-t-elle faire ? Que va-t-elle devenir ?

L'armée française avait rendu Paris à lui-même, en chassant les bandis insurgés de l'Hôtel de Ville. Duprat, rentré de Neuilly, ne se sentant pas en sûreté, quitta Paris dans les premiers jours de juin et se réfugia en Belgique.

Lorsque le calme fut rétabli, grâce aux généreux efforts de nos braves et courageux soldats, les propriétaires de Neuilly tentèrent de rentrer dans la propriété de leurs mobiliers pillés. Une enquête commença... Vous avez pu apprécier le zèle de M. Razzi dans cette affaire.

Sur des indications de gens que nous ne voulons pas qualifier, on alla chez la femme Duprat, son mari étant absent... Elle eut peur et se cacha.

C'est sur ces entrefaites cependant qu'elle apprit que son mari était accusé de vol... Oh ! alors elle n'hésita pas.

Elle se rendit auprès de lui, elle lui dit la vérité ; et avec cette autorité que donne une conscience honnête, elle le força d'aller se constituer prisonnier à Versailles. « On dit que tu es un voleur, va leur prouver que tu es un honnête homme ! » Duprat obéit à la voix de sa femme ; il alla à Versailles, et elle resta, seule, à Paris.

Elle n'avait qu'un but, qu'une pensée: rendre les objets déposés chez elle, et faire respecter l'honneur de son mari sans toutefois le compromettre.

M. Razzi voit Mme Duprat ; elle lui rend tout ce qu'elle a ; car M. Razzi vous l'a dit : « Mme Duprat m'a fait rentrer dans près de 4,000 francs d'objets mobiliers. » Oui, sur les instances de M. Razzi, la femme Duprat a couru partout, cherchant les objets volés et les faisant restituer à leurs propriétaires.

Et lorsque l'honnête femme agissait ainsi, la femme Désapheix, qui, elle, brûle les robes que l'un des accusés lui a apportées, la femme Désapheix vient l'accuser en prétendant que Mme Duprat est allée lui dire, si on lui parlait d'assiettes, de répondre qu'elles étaient brisées. Oui, la femme Duprat est venue chez le témoin Désapheix, mais pour lui réclamer ce qu'elle avait d'objets volés afin de les rendre. Et la femme Désapheix, qui a brûlé les robes et usé la vaisselle, ne trouve rien de mieux, pour éloigner d'elle l'œil de la justice, que de dénaturer les paroles et la démarche de ma cliente.

Votre bon esprit de sagesse, a fait justice de ce témoignage par trop intéressé. Nous en aurions fini, Messieurs du Conseil, si nous ne voulions vous expliquer les premières réticences reprochées à Mme Duprat.

Dans les premières visites, se trouvant seule, n'ayant le conseil de personne, Mme Duprat hésita, elle n'avoua pas, elle avait peur de compromettre son mari. Mais la réflexion vint, et n'osant se fier qu'à Dieu, son seul, son unique secours, alors... la pauvre femme se rendit à l'église, elle se jeta au pied des autels, elle pria... et puis, forte par la prière, elle alla demander conseil à un prêtre en lui faisant connaître toute la vérité. L'homme de Dieu, voyant ses larmes, son innocence et la crainte qu'elle avait de perdre son mari, lui dit de mettre tous les objets dans une caisse, de porter cette caisse à la gare de Saint-Denis et de l'expédier à l'adresse d'un commissaire de police afin que par ses soins la restitution en fut opérée. — Le cœur soulagé, Mme Duprat s'empresse d'obéir aux sages conseils du prêtre. Et dès le lendemain, la caisse, avec tous les objets, partit de la gare de Saint-Denis pour venir chez le commissaire de police de la rue des Écuries-d'Artois, à Paris. Tout était rendu !..

Voilà les faits !.. voilà la conduite tout entière de Mme Duprat.

Vous le voyez, Messieurs du Conseil, Mme Duprat est restée honnête, foncièrement honnête... Comme l'ange de la gracieuse légende chrétienne qui traversa les bourbiers de nos sentiers humains sans souiller ses blanches ailes, la femme Duprat a traversé un milieu horrible, sans rien y laisser de sa probité, de son innocence, de son honnêteté.

Aussi, nous qui connaissons vos grands cœurs, terminerons-nous notre défense en vous redisant les paroles si loyales, si humaines de M. le Commissaire du Gouvernement. « Pitié pour les honnêtes gens, commisération, grâce, « grâce entière pour la malheureuse Mme Duprat ! !.. »

---

## Me LAVIOLETTE POUR MALCHER

Monsieur le Président, Messieurs du Conseil,

En vous présentant la défense de l'accusé Malcher, je ne me dissimule pas les difficultés de ma tâche. Je n'ai pas seulement à répondre au réquisitoire de M. le Commissaire du Gouvernement qui, dans un langage élevé, flétrissait à juste titre les faits odieux qui se sont accomplis à Neuilly j'ai encore à répondre aux accusations qui s'élèvent contre mon client et qui ont été soutenues par mes honorables confrères dans l'intérêt de la défense des autres accusés Est-ce à dire, Messieurs, lorsque j'entendais les paroles de M. le Commissaire du Gouvernement, que ses paroles trouvaient en moi un adversaire? Assurément non. Mon cœur battait à l'unisson du sien au souvenir de ces scènes sanglante qui, malgré le temps, sont encore présentes à nos esprits Oui, les actes accomplis à Neuilly sont des actes odieux c'est un pillage, un brigandage que la justice doit réprimer Mais là où je suis en désaccord complet avec l'accusation c'est au sujet de la théorie émise par M. le Commissair du Gouvernement. Il vous disait : « Le 117e bataillon, dont l'accusé Malcher était le capitaine adjudant-major, a, le premier, donné le signal du pillage; Malcher, comme capitain adjudant-major, en est responsable. »

Étrange théorie, Messieurs, que je ne saurais admettre. Responsabilité morale, responsabilité civile, soit. Mais responsabilité pénale, tombant sous l'application de la loi, ceci est inadmissible.

Ah ! je ne l'ignore pas, cette théorie de la responsabilité morale a été soutenue par un homme éminent, et a prévalu un instant. Mais elle n'a pas tardé à tomber sous la réprobation de la justice.

Eh, Messieurs, j'ai raisonné jusqu'ici dans l'hypothèse que le 117$^{e}$ bataillon avait donné le signal du pillage. Rien n'est moins justifié. Que dis-je, il est acquis aux débats, qu'avant l'arrivée de ce bataillon, Neuilly avait déjà été pillé ; par quel bataillon? Je n'ai pas à m'en préoccuper, je suis ici pour défendre et non pour accuser. Et pour démontrer que la théorie de M. le Commissaire du Gouvernement ne peut pas être admise, permettez-moi de la pousser jusque dans ses dernières limites. Si, dans une compagnie, dans un bataillon, un ou plusieurs hommes de cette compagnie ou de ce bataillon venaient à commettre un assassinat à l'insu du capitaine ou du chef de bataillon, accuseriez-vous de complicité ce capitaine ou ce chef de bataillon?

Assurément, M. le commissaire du Gouvernement n'irait pas jusque-là. Si cette théorie est fausse lorsqu'il s'agit de complicité d'assassinat, comment peut-elle être fondée lorsqu'il s'agit de complicité de pillage? Ce qui est vrai dans un cas doit être vrai dans l'autre ; ce qui est faux dans un cas ne peut pas être vrai dans l'autre.

Le client que je défends, au moment de son arrestation, était prévenu d'insurrection. Pour ce fait il a été puni. Ce malheureux titre qu'il a ambitionné, il l'a chèrement payé :

cinq ans de détention. Qu'on ne vienne pas lui reprocher aujourd'hui ce grade de capitaine adjudant-major.

En détruisant le système de l'accusation, je crois avoir aussi répondu victorieusement aux accusations de mes honorables confrères qui défendaient des hommes moins élevés en grade. Malcher, par conséquent a à répondre devant votre justice de ses actes personnels en ce qui concerne le crime de pillage. Est-il complice de ce crime? Ses faits et actes rentrent-ils dans l'énumération de l'article 60 du Code pénal? M. le Commissaire du Gouvernement veut faire ressortir cette complicité des trois témoignages que vous avez entendus. Le sieur Blanchet, la fille Bohein et la femme Uhring. Examinons ces dépositions. Le témoin Blanchet vous a parlé de la réquisition de vivres et de volailles ; Malcher en aurait fait l'inventaire. Je n'ai pas à examiner le ton des paroles qu'il a prononcées ni si elles étaient plus ou moins polies ; ce que je constate, c'est qu'il y a un inventaire ; et quand on a l'intention de piller, on ne laisse pas derrière soi une preuve de tous les objets pillés. C'était une réquisition illégale je le reconnais, mais, dans la pensée de mon client, les objets ainsi réquisitionnés devaient être soldés par la Commune. A l'égard des clefs, Blanchet disait au Conseil : « Je les ai remises à Malcher, il les a cachées devant moi ; lui seul et moi nous connaissions le lieu de la cachette. Après mon départ, la maison a été mise au pillage, ni les portes ni les fenêtres ne portaient trace d'effraction. « S'appuyant sur ce fait, l'accusation prétend que Malcher a remis les clefs aux pillards et qu'en conséquence il est complice. Je pourrais relever dans la déposition de Blanchet plusieurs contradictions ; il a fait

9

connaître qu'il y avait plusieurs gardes nationaux présents lorsque les clefs ont été remises à Malcher ; mais peu m'importe, j'accepte la déposition de Blanchet telle quelle se produit à cette audience. Assurément je serais dans une position bien embarrassée si je ne pouvais démontrer que l'on pouvait entrer dans la maison de Blanchet et dans la cave sans effraction et sans clefs ; et, dans ce cas, je comprendrais la gravité de l'argument présenté par l'accusation. Mais, grâce à Dieu, il n'en est pas ainsi. On peut entrer dans la maison avec une échelle, on franchit le mur, on se trouve dans une cour, les carreaux des fenêtres sont brisés, conséquence fatale du combat qui se livre à Neuilly, on ouvre l'espagnolette d'une fenêtre, on entre et l'on se trouve dans la maison ; de là on arrive à la porte de la cave donnant sur le couloir ; on peut passer par une petite fenêtre qui donne dans l'escalier même de la cave;— on peut donc piller les objets qu'elle contient.

Tant que M. le Commissaire du Gouvernement ne démontrera pas que l'on n'a pas pu agir ainsi, ou tant qu'il ne démontrera pas que Malcher était parmi les pillards, son accusation n'est pas établie.

La déposition de la fille Bohein, je ne m'y arrêterai pas, car elle ne précise rien ; elle a vu la cantinière du 117e bataillon venir deux fois chez Malcher avec un petit paquet; — l'a-t-elle vue ressortir avec le même petit paquet? non ; elle n'en sait rien ;—qu'y avait-il dans ce paquet? elle l'ignore. Et au sujet du fameux châle dont elle avait parlé, Malcher justifie de sa propriété, ainsi que de la petite lorgnette saisie chez lui. Au sujet de cette lorgnette, vous avez entendu le témoin Panier.

Resté la déposition de la femme Urhing. Vous l'avez entendue, il s'agit de fusils réquisitionnés. Les insurgés craignaient qu'on ne se servît de ces armes contre eux ; je n'insiste pas.

A t-on trouvé quoi que ce soit chez Malcher, des objets pillés? non, absolument rien. Et pensez-vous, Messieurs, que l'on va se rendre complice d'un pillage, que l'on va tomber sous l'application de l'article 440 du Code pénal qui punit des travaux forcés, sans un mobile, sans un intérêt? — Comment ! dans ce vaste pillage organisé, je serais complice, bien plus, organisateur, et je n'aurais pas une part large ! Je pillerais donc pour le plaisir de piller ! Je m'arrête, Messieurs ; mais en terminant permettez-moi de vous faire connaître ce qu'est Malcher. Ce pillard, qui est exempt d'antécédents judiciaires, qui eut toujours une conduite irréprochable jusqu'au moment de ces tristes et douloureux événements qui se sont produits en présence de la patrie meurtrie, de la France en deuil, et en face des Prussiens qui n'avaient pas même la pudeur de dissimuler leur joie, il a été soldat, il a fait son devoir au Mexique, partout. La guerre arrive ; il est marié et père de famille, il ne consulte que son courage et sa conscience, il s'enrôle dans une compagnie de marche, il se bat ; voilà l'homme. Néanmoins, avant de finir, je supplie le Conseil d'oublier les paroles et l'attitude de Malcher à ces audiences : il sait ce que je lui ai dit. J'espère, Messieurs, que mon client, déjà frappé d'une peine terrible pour sa participation à l'insurrection, ne sera pas condamné comme un voleur de grands chemins.

---

La plaidoirie de Me Laviolette, présentée avec une

grande animation, a causé une vive sensation; aussi M. le Commissaire du Gouvernement croit-il devoir y répondre sur-le-champ.

Je crois, dit-il aux membres du Conseil, devoir répliquer à la fougueuse plaidoirie que vous venez d'entendre, pour détruire l'impression déplorable qu'elle a pu produire dans cette enceinte. Mon bouillant adversaire parle un langage qui ne peut être le mien : il appelle belligérants ceux que je nomme rebelles, et là où il voit des réquisitions, je ne vois que vols à main armée ou pillage. Si mes théories sont fausses, les siennes me paraissent dangereuses, et je regrette pour lui qu'il ne voie pas le danger qu'il crée pour l'avenir en accordant à des insurgés les bénéfices établis par le droit international pour les belligérants.

Le commandant de Garros discute ensuite la responsabilité encourue par Malcher et détruit une à une les théories de la défense.

Malcher s'est officiellement, publiquement emparé des clefs de la maison Daga, il en devient responsable. Cette maison est pillée, il n'y a pas eu d'effraction, donc les clefs ont servi; le coupable pour l'accusation, c'est Malcher, à moins qu'il ne démontre péremptoirement le contraire, ce qu'il ne fait pas. On peut entrer dans la maison par une échelle, dit l'honorable avocat, on franchit le mur, on se trouve dans une cour, les carreaux des fenêtres sont brisés, on ouvre l'espagnolette d'une fenêtre, on entre et l'on se trouve dans la maison ; de là, on arrive à la porte de la cave donnant sur le couloir, etc., etc.

Ces renseignements si précis ajoute le Commissaire du Gouvernement, ne sont-ils pas la condamnation de votre client ? Vous n'êtes pas entré dans cette maison, maître Laviolette, car le propriétaire ici présent nous le déclarerait; vous tenez donc de Malcher tous ces détails, qui prouvent surabondamment qu'il en connaît bien tous les détours. Quelle autre preuve de sa culpabilité ai-je à vous produire ?

Mon intention, mon réquisitoire en fait foi, était de sauver ce malheureux d'une deuxième condamnation en laissant subsister le doute; vos paroles imprudentes allant jusqu'au défi, en m'obligeant à asseoir d'une manière plus solide l'accusation, l'auront perdu. (Murmures dans l'auditoire.) Cependant et malgré tout, je supplie le Conseil de se montrer indulgent.

Pendant cette réplique, Malcher ne cesse de faire des gestes d'approbation et de foudroyer de ses regards enflammés son malencontreux défenseur. Enfin, il se lève et proteste contre le système de défense que celui-ci a cru devoir adopter et qu'il désapprouve complétement. (Longue sensation.)

Dans cette situation délicate, Me Laviolette s'efface noblement, et prie le Conseil de ne retenir de ces incidents que les paroles bienveillantes de l'accusation pour son client.

---

## M. P. LEBLANC, Lt AU 37e, POUR PERRIN ET POUGET.

Messieurs du Conseil, l'accusé Perrin a aujourd'hui dix-neuf ans. Dans la guerre contre les Prussiens, il a servi comme engagé volontaire au 14e bataillon de mobiles.

Licencié à la fin de la guerre, il resta jusqu'aux premiers jours de mai chez une de ses tantes qui tient une pension alimentaire à Clichy. A cette date, il dut entrer dans la garde fédérée pour ne pas laisser à sa tante une charge qui devenait trop lourde.

La prévention ne relève, du reste, rien contre lui au titre de l'insurrection ; et pour bien établir qu'il n'a rien, en effet, à se reprocher, je rappelle au Conseil la déposition de M. le commissaire de police.

Il vous a dit qu'il avait arrêté Perrin dans le mois de juin, mais qu'après une instruction sérieuse, il avait cru devoir le relâcher en tant que fédéré.

Aussi, verrons-nous, plus tard, Perrin se représenter tranquille et calme chez ce même commissaire de police, lorsqu'il voudra s'engager.

Voici donc un premier point bien net et irrécusable : Perrin n'a aucun antécédent communaliste, et je ne dis pas qu'on ne lui en connaît pas; je dis, qu'après une instruction sérieuse, on a reconnu qu'il n'en avait pas. Voilà pour la partie politique ; passons à l'accusation de pillage en bande.

Nous savons, Messieurs, par les aveux de Perrin, qu'il a pris trois éventails; voyons dans quelles circonstances :

Je vous ai dit, Messieurs, que Perrin avait une tante qui tenait une pension alimentaire; par suite des événements de la Commune, cette pension s'était réduite à trois personnes jeunes et aimables, trop jeunes, hélas ! et trop aimables.

M. le Commissaire du Gouvernement vous l'a dit, Messieurs, ces personnes sont jolies ; il l'a dit, comme je le répète, dans l'intérêt de l'accusé. A dix-huit ans, c'est une séduction bien forte que celle de la jeunesse et de la beauté.

Poursuivons : parmi ces trois personnes, Perrin avait une préférée ; or, dans ses pérégrinations à travers Neuilly dévasté, dans une maison démolie, il trouve un jour un éventail bien simple, sans valeur; on vous le dit, Messieurs, et vous pouvez vous en convaincre, il est au nombre des pièces à conviction ; cet éventail, il le ramasse, l'emporte et l'offre à la personne en question.

Malheureusement, les deux autres pensionnaires étaient présentes; elles en réclamèrent un également, il fallut promettre, il fallut tenir.

Perrin, quelques jours après, rapportait deux éventails. Voilà la faute, je ne dis pas voilà le crime.

Perrin, qui est excessivement franc, c'est l'expression de M. le Commissaire du Gouvernement, vous a tout avoué de lui-même, et Perrin, qui a du cœur, m'a impérieusement recommandé de respecter scrupuleusement les trois témoins à charge et de bien établir qu'ils ne savaient pas d'où provenaient ces éventails ; je le fais d'autant plus volontiers que les témoins ont, eux aussi, établi avec franchise qu'ils avaient demandé les éventails à Perrin. Vous entendez, Messieurs, ce n'est pas Perrin qui a offert; on lui a demandé.

Maintenant, Messieurs, rappelons-nous que Perrin n'avait pas attendu la justice et qu'il avait, en quelque sorte, devancé l'expiation.

Après la Commune, il retourne chez le commissaire de police, chez celui qui a reconnu, ne l'oubliez pas, son innocence comme fédéré et se fait donner les papiers nécessaires pour s'engager.

Il choisit le 4e d'infanterie de marine, c'est-à-dire Toulon pendant quelques mois, puis le Sénégal ou la Guyane, ou la Cochinchine.

Il veut aller bien loin cacher ses sottises, expier ses fautes, et vous, Messieurs, vous qui jugez humainement les affaires humaines, vous aurez pitié de son âge, vous excuserez son entraînement, et vous ne verrez en lui que ce que M. le Commissaire du Gouvernement a si bien défini, en disant qu'il était une victime de la galanterie.

Passons à Pouget : Celui-ci a fait le service comme garde au 257e bataillon. Les services militaires de ce bataillon sont insignifiants et la part qui en revient à Pouget est celle d'un simple garde.

Quant aux faits de pillage, un seul est relevé contre lui. Pouget a pris un châle d'une valeur de 20 à 25 francs, et encore ce châle, il ne l'a pas gardé, il l'a donné à un autre garde.

Il n'a que ce fait à se reprocher; je puis vous en donner une preuve irréfutable.

Pouget a fait des aveux ; il a dénoncé les faits et gestes de plusieurs de ses camarades. Il est bien évident que s'il avait eu à se reprocher autre chose que ce qu'il a avoué, il eût été dénoncé à son tour.

En de telles circonstances, je crois n'avoir à discuter, ni pour Pouget, ni pour Perrin, le chef d'accusation de pillage en bande, et je m'assieds en vous demandant toute votre indulgence pour les deux accusés.

---

## Me CABAT POUR RODOLPHE, RÉNÉ ET HUE.

Messieurs du Conseil,

J'aborde la défense de Rodolphe, de Réné et de Hue, avec une parfaite confiance et une entière sécurité. Les paroles indulgentes de M. le Commissaire du Gouvernement, le rang assigné à mes clients dans l'accusation, le rôle obscur qu'ils ont joué dans ces scènes déplorables, leurs réponses à l'audience, qui leur ont concilié, j'en suis sûr, les sympathies du Conseil, les dépositions des témoins à charge ou à décharge, qui sont venus éclairer votre justice, sont pour moi autant de raisons d'espérer une décision favorable.

Ah! certes, aujourd'hui, ce n'est pas en présence de chefs et d'instigateurs que vous vous trouvez, Messieurs du Conseil; vous n'avez pas à votre barre ceux qui, se rattachant par de grands intérêts à l'insurrection communale ou même au pillage de Neuilly, méritent d'attirer sur leurs têtes les condamnations les plus sévères ; ceux-ci, et surtout le plus coupable, le docteur Ysquierdo, ceux-ci ne sont pas présents pour répondre de leurs crimes et surtout des crimes dans lesquels ils ont entraîné les autres qui acquittent pour eux la dette que ces meneurs ont contractée. Ceux-là sont les comparses, les subalternes, les domestiques -- le mot est de la plus rigoureuse exactitude pour René. Quelle responsabilité doit leur incomber ? Une responsabilité minime. Ils n'ont pas agi librement ; on pourrait dire qu'ils ont été contraints. Celui chez lequel le vol serait le moins excusable, malgré la faveur dont il est entouré, à juste titre, d'ailleurs, par l'accusation, ce serait Hue, parce qu'il s'est rendu de son propre mouvement sur le théâtre du pillage ; parce qu'il s'est emparé de la glace sans en avoir reçu l'ordre ; parce que cet objet de luxe ne saurait être considéré, ainsi qu'une chemise, qu'une serviette, qu'un paletot, comme une chose utile, de première nécessité même, et dont l'appropriation puisse être légitimée par le besoin. Eh bien, par un concours singulier de circonstances dont je n'ai qu'à me louer, des trois accusés que j'ai l'honneur de défendre, Hue, l'auteur du vol de la glace, est le moins compromis ; ses bons antécédents, la loyauté de son langage et de son caractère, l'ont fait désigner spécialement à votre indulgence, par M. le Commissaire du Gouvernement. Et les autres ! les frapperez-vous sévèrement ? Non, je l'espère. Et mes trois clients, je les enveloppe dans l'indulgence et dans la miséricorde dont le réquisitoire a couvert l'un d'eux.

Voyons Rodolphe. M. le Commissaire du Gouvernement, qui ne l'a que très-faiblement chargé, car son frère, plus coupable que lui, s'est soustrait par la fuite à l'action de la justice, disait, pour vous enhardir à le frapper, qu'il attend avec calme la condamnation que vous prononcerez, parce que ses antécédents judiciaires lui ont donné l'habitude des condamnations. En vérité, on dirait qu'il s'agit d'un *cheval de retour* — pardonnez-moi cet emploi de l'argot judiciaire, — d'un récidiviste de la cour d'assises, qui ait l'expérience... je ne veux pas dire de quoi : ce serait parler de la peine, et M. le Commissaire du Gouvernement m'interromprait comme il a interrompu Me Demange. Loin de moi d'ailleurs la présomption de vouloir vous apprendre ce que votre double conscience de jurés et de juges connaît et apprécie dans toute sa mesure ! Mais enfin, ces antécédents judiciaires, ils sont peu nombreux, fort légers; la plus grave peine subie par Rodolphe ne va pas au delà de trois mois d'emprisonnement; une peine correctionnelle, voilà tout. Passons. Si vous estimez que les condamnations correctionnelles qu'il a dans son casier lui soient un acheminement, une préparation à des peines afflictives et infamantes, je ne dirai rien, sinon que la théorie est au moins bizarre; mais non, il est impossible, Messieurs du Conseil, que vous n'établissiez pas une très-grande différence entre ces deux sortes d'expiations légales, et que vous considériez la première comme appelant la seconde. Si ses antécédents vous invitent au contraire à le traiter en voleur ordinaire, c'est ce que je plaide, je suis d'accord avec vous, et c'est ici le moment de régler le compte et de dresser le bilan des objets soustraits par Rodolphe.

De quoi s'agit-il ? D'un lorgnon et d'un paletot à collet d'astrakan. Peu de chose, rien. Quant au linge, quant aux mouchoirs, sauf au mouchoir qui a été reconnu appartenir à M. Razzi, ces effets n'ont pas été volés. Ils étaient la propropriété soit de Rodolphe, soit de sa nièce. La nièce de Rodolphe est blanchisseuse, et sur son livre, que je ferai passer sous les yeux du Conseil, ont été inscrits ces objets, qui dès lors ne doivent pas être regardés comme provenant d'une soustraction. Le linge dérobé n'est pas facilement reconnaissable, surtout lorsque le chiffre du voleur est identique au chiffre du volé, et que les deux noms commencent par un R. Mais je ne veux pas attirer et retenir l'attention du Conseil sur des minuties. Il y a eu vol : Rodolphe l'avoue ; mais le vol a été minime ; il a porté sur des objets d'un usage immédiat et excusable. On ne me fera pas croire que Rodolphe ait eu recours à la force pour s'approprier ces deux objets qu'il a trouvés dans le cantonnement. S'il avait commis un pillage, s'il tombait directement sous l'application de l'article 440, il se serait emparé de meubles précieux — eh ! qui l'en empêchait ? — il aurait bénéficié de son audace même, et n'aurait pas rabaissé ses prétentions et borné ses désirs à la possession d'un lorgnon et d'un paletot. Non, Messieurs du Conseil ; par toutes ces raisons, vous ne devez voir en Rodolphe qu'un simple voleur, passible de peines correctionnelles ; ayant ramassé ces objets qui traînaient et que d'autres avaient enlevés des maisons, toutes ces accusations élevées contre lui d'avoir pillé des maisons à force ouverte, d'avoir envahi et occupé par violence des édifices, doivent s'écrouler au souffle du bon sens ! A moins d'interpréter pharisaïquement la loi, vous devez réserver ces définitions pour des actes qui en vaillent la peine, proportionner les incriminations aux délits, et réduire la peine correctionnelle au degré auquel l'admission des circonstances atténuantes vous permettra de l'abaisser.

Quant à sa participation générale à l'insurrection, il m'est impossible de nier qu'ayant porté les armes et l'uniforme dans un mouvement insurrectionnel qui n'a pas abouti à fonder un gouvernement légal, qu'ayant servi dans les rangs de la garde nationale une autorité de fait qui lui paraissait l'autorité de droit, il ne tombe sous le coup de l'article 5 de la loi du 24 mai 1834... Mais ici encore il faut examiner. N'est-il pas excusable, je ne dis pas d'être entré, mais de n'être pas sorti de la garde nationale ? Ces malheureux trente sous, ces trente sous de ruines et de calamités, lui étaient nécessaires pour subvenir à ses besoins. Pouvait-il les gagner ailleurs que sous les drapeaux des Fédérés ? Non. Rodolphe ne demandait qu'une chose ; il ne demandait qu'à puiser des ressources dans un travail régulier ; il a lutté contre la misère, et contre les obsessions des chefs de la garde nationale jusqu'à la fin de mars, jusqu'au 1er avril, il a été employé comme boucher aux abattoirs de La Vilette. Mais cherché, mais poursuivi, mais traqué, à la fin il se rendit. Qu'auriez-vous fait, Messieurs du Conseil ? Moi, je ne sais pas ce que j'aurai fait à sa place. Si ses idées, si ses instincts l'eussent porté à se mêler comme révolutionnaire au mouvement communal, c'est dès la première heure qu'on l'eût vu, à Belleville, à la rue des Rosiers, hélas ! dans les rangs de l'émeute. Est-ce qu'il aurait attendu huit jours ? Est-ce qu'il aurait attendu un jour ? Qu'est-ce donc que cet adepte des idées communistes qui se conduit plutôt en réfractaire qu'en soldat ? Si les combattants du drapeau rouge avaient tous été des Rodolphes, l'armée n'aurait pas eu à faire le siége de Paris.

On lui a reproché d'avoir dénoncé son frère ; mais M. le Commissaire du Gouvernement sait mieux que moi que Rodolphe n'a signalé la participation active de son frère au pillage, qu'en réponse à une question de M. Lambert des Cilleuls, et qu'il n'en a parlé que comme d'une probabilité, d'une présomption résultant du bruit public. D'ailleurs, ce frère était-il un frère pour Rodolphe? Un frère ennemi, en tout cas. Un jour, il l'a mordu à la main, de telle façon que Rodolphe est demeuré privé de l'usage du petit doigt. C'est ce frère de Rodolphe que Chabry a principalement chargé. Il est contumax. Que celui-ci qui est présent ne paye pas pour celui-là qui est absent!

Pour Réné, M. le Commissaire du Gouvernement a été très-bref, ne l'a flétri d'aucune qualification infamante, et s'est borné à constater sa franchise et ses aveux. Réné a pris pour son propre compte deux serviettes, une chemise et une boîte à ouvrage. Ces objets, il n'a pas été les enlever en bande et à force ouverte, dans les maisons ; il les a trouvés au cantonnement ; lui aussi, il s'est comporté en simple voleur. La caisse portée chez le nommé Audebert renfermait le produit d'un vol commis non par lui, mais par Ysquierdo, son chef, son maître, aux ordres duquel il était directement soumis. L'en rendre responsable serait injuste.

Incrimineriez-vous la présence de René à Neuilly, au cantonnement, sa complaisance à veiller sur les objets provenant du pillage organisé par le docteur? Rappelez-vous qu'il était domestique, ordonnance, cuisinier de l'état-major, c'est-à-dire voué à l'obéissance par sa situation même, n'ayant pas la libre disposition de sa personne et ne devant pas assumer la responsabilité entière des actes qui lui sont reprochés, pas plus que l'instrument ne répond pour la main qui le dirige.

Il y a dans le Code pénal, l'article 64, qui déclare qu'il n'y a ni crime ni délit, lorsque le prévenu a été contraint par une force à laquelle il n'a pu résister. Il y a un autre article aussi, l'article 441, devant l'application duquel vous ne reculeriez peut-être pas, mais qui ne me semble pas à lui tout seul protéger suffisamment René. Cet article admet une atténuation en faveur de celui que des sollicitations, des provocations ont entraîné. Eh bien! Messieurs du Conseil, inspirez-vous de l'esprit de ces deux articles, lorsque, réunis dans la chambre de vos délibérations, vous aurez à vous prononcer sur le sort de l'accusé. Que leurs dispositions larges, intelligentes, libérales vous soient présentes à la mémoire; et, obéissant au vœu du législateur qui ne matérialise jamais le délit, mais qui le fait résider dans la volonté et dans l'intention, vous ne pourrez trahir votre devoir, je veux dire que non-seulement vous accorderez de l'indulgence à René, mais je demande plus: vous l'acquitterez complétement du chef de vol. Pour une chemise, pour une serviette, pour une boîte dérobée, sans que René ait eu la conscience éclairée de cette action à laquelle le caractère des événements enlevait sa portée ordinaire, pas de condamnation! René, qui ne sait ni lire ni écrire, que l'instruction n'a pas mis à même de résister aux entraînements mauvais, doit être excusé et absous. Voyez donc comme ce jeune homme est novice dans le mal! Il ne sait pas profiter des occasions! De tout ce butin qui s'offre à lui et se déroule à ses yeux émerveillés il ne retient que trois objets d'un usage ordinaire. En vérité, ses prétentions ont été bien modestes; et il faut avouer que pour un pillard il n'a pas poussé loin l'audace de ses entreprises. Mais vous le connaissez : je fais passer sous les yeux du Conseil un certificat de son patron qui lui est très-favorable. Pas d'antécédents. Si vous le condamnez vous lui ferez subir sa première peine. Vous ne pouvez pas lui appliquer la sanction terrible inscrite dans l'article 440, qui serait évidemment disproportionnée avec les faits pour lesquels il est traduit. Restent les peines correctionnelles ; mais, devant ses bons antécédents, devant l'excuse tirée de son manque d'éducation et de sa position subalterne, vous n'hésiterez pas à renoncer même à ce moyen de répression, et si vous le frappez, ce sera uniquement pour port d'armes et d'uniforme dans un mouvement insurrectionnel, tempérant néanmoins la rigueur de votre sentence par cette considération que, pour que René se décidât à échanger les 3 francs 50 centimes de sa journée de maçon contre les 30 sous de la journée d'un fédéré, il a fallu évidemment soit un manque de travail, soit un concours de circonstances invincibles qui ont triomphé de sa liberté.

Il n'y aurait pas de défense à présenter en faveur de Hue, car c'est M. le Commissaire du Gouvernement qui a plaidé pour lui. Je n'affaiblirai pas l'autorité de cette parole si claire et si ferme. Quelques considérations très-courtes seront ma plaidoirie.

L'accusé Hue a montré de la conscience. Il ne tiendrait qu'à lui — l'accusation lui offre en effet ce moyen — de faire retomber sur Vernot la responsabilité de son vol. Mais son âme loyale répugne à cette dénonciation ; il dédaigne un semblable mode de se justifier ; ses actes, il les revendique hautement; ce qu'il a fait, il l'a fait seul et sans obéir à une impulsion étrangère.

Un autre trait à l'honneur de Huc, c'est qu'ayant obtenu sa liberté provisoire, au lieu de se dérober à l'action de la justice, il est revenu, esclave de la parole donnée, reprendre sa captivité préventive, alors qu'une place lucrative l'attendait en Belgique, et qu'il pouvait mettre la frontière entre lui et ses juges! Ainsi, Messieurs du Conseil, c'est non-seulement un homme sans antécédents judiciaires, qui attend votre sentence, mais un homme d'une grande délicatesse et d'une véritable générosité de sentiments. Rien à ajouter, n'est-ce pas? Le vol de la glace est avoué. Cette glace, il l'a brisée dans un accès de repentir. Cette glace, c'était sa faute qui prenait forme; il l'a détruite. Il ne pouvait tolérer la présence de cet objet qui lui rappelait un vol. Mais ce n'est pas pour se réserver la ressource d'une dénégation qu'il a brisé la glace : il avoue. Et cet aveu me paraît compléter et justifier les allusions que je viens de faire à l'élévation et à la loyauté des procédés de Huc. Qui l'accuse dans le procès? Lui-même et lui seul. Confronté avec le seul témoin à charge qui pût le désigner comme l'auteur de ce délit, il n'a pas été reconnu par Barré. Eh bien! au lieu de bénéficier de ce silence du témoin à charge, de cette absence de preuves, il a voulu, cédant aux inspirations de sa bonne foi et à la force de la vérité, confesser sa faute avec repentir, avec larmes sans doute, — vous l'avez vu à l'audience, — mais aussi avec le noble courage d'un homme qui sent en lui les ressources nécessaires pour réparer dans l'avenir cette action coupable. Un coupable, moins novice et plus aguerri à mal faire, n'aurait pas suppléé, par une déclaration toute spontanée, à l'insuffisance de preuves de l'accusation. Vous ne le condamnerez pas même à la peine la plus minime; il ne sera pas dit qu'un homme tel que Hue, vous l'aurez confondu avec ce ramas de malfaitenrs vulgaires, personnel accoutumé des prisons, écume de la société. Non, vous l'acquitterez du chef de vol et du chef de participation à l'insurrection, puisque simplement inscrit au contrôle d'une compagnie sédentaire du 154e bataillon, il n'a jamais porté d'armes ni fait aucun service.

Indulgence pour Rodolphe et pour René; acquittement pour Hue. Telles sont les conclusions de cette plaidoirie.

---

## Me DOUMERC POUR BIORRET.

Messieurs du Conseil,

Je viens présenter la défense de Biorret, Jean-Marie. Et tout d'abord, permettez-moi de vous adresser une prière : Oubliez le nom que porte ce pauvre enfant; faites, je vous en conjure, abstraction de cette loi si naturelle et si humaine, mais si contraire à la justice que l'on appelle la loi de la solidarité ! Ne confondez pas dans une même appréciation le frère aîné, contre lequel le ministère public a formulé de si sévères réquisitions et le frère cadet, Jean-Marie, dont le rôle dans cette affaire a été si effacé. En vous défaisant ainsi, je ne dirai pas de toute prévention, car vous nous avez donné assez de preuves de votre impartialité pendant ces longs débats, mais de toute impression défavorable il est impossible que vous ne considériez pas mon jeune client comme digne de toute votre indulgence.

Jean-Marie Biorret a dix-huit ans. Au sortir de l'école, il s'engagea comme mousse dans la Compagnie transatlantique et, lorsqu'il revenait à Paris quelques années après, c'était avec les meilleurs certificats.

Successivement employé chez M. Boucicaut, directeur de la Maison du Bon Marché et chez M. Gaspart, il se conciliait l'estime de ses deux patrons. L'on trouve au dossier des certificats où ceux-ci fournissent sur lui les meilleurs renseignements. Il était encore chez M. Gaspart, quand, en septembre 1870, il fut incorporé dans le 257e bataillon de la garde nationale; là, pendant tout le premier siége, il fit modestement et courageusement son devoir.

Au 18 mars rien ne change dans sa conduite ni dans sa position. Il était fourrier au 257e bataillon, il reste fourrier au 257e bataillon. De même qu'il n'avait pris aucune part le 4 septembre à la première révolution, il ne prend aucune part, le 18 mars, à la seconde qui devait s'appeler insurrection.

Il ne comprend pas plus l'une que l'autre et se renferme obscurément dans ses fonctions de fourrier.

Il s'y renfermait même si complétement qu'il n'a jamais été armé; l'information elle-même l'établit et M. le Commissaire du Gouvernement en a convenu. Il n'a relevé contre mon client que la participation au pillage de Neuilly, laissant complétement de côté les inculpations de crimes insurrectionnels qui ne s'appuyaient sur aucune preuve légale.

Il est en effet de jurisprudence constante qu'il ne suffit pas d'avoir été un numéro matricule, dans la garde nationale fédérée, pour tomber sous le coup l'article 91 du Code pénal et la loi de 1834. Il faut, pour qu'une condamnation intervienne, que l'accusation établisse contre l'inculpé l'existence d'actes caractérisés d'opposition et de résistance à la force publique, ainsi qu'une intention séditieuse. Or, rien de pareil ne résulte contre mon client ni de l'instruction ni des débats; je n'ai donc à discuter que l'inculpation de participation au pillage de Neuilly en bande et à force ouverte.

Dans l'intérêt des autres accusés on a posé des conclusions qui soulèvent des questions de droit : quant à moi, je me bornerai à discuter purement et simplement les faits.

J'espère vous prouver qu'ils n'ont en eux-mêmes aucun caractère délictueux et qu'ils ne tombent pas plus sous l'application de l'article 440 que de l'article 401 du Code pénal.

L'accusation reproche à Biorret d'avoir pris à Neuilly quelques volumes de Victor Hugo et une petite boîte sans aucune valeur. Mon client qui, dès le premier jour, a tout avoué, vous a expliqué comment ces objets étaient venus en sa possession. Ils avaient été ramassés, vers la fin de mai, par un nommé Serpe dans la maison qui servait depuis deux mois de poste à la garde nationale.

Trois bataillons y avaient précédé le 257e bataillon, et ces livres, venant on ne sait d'où, avaient passé de l'un à l'autre comme choses sans maître. Le garde Serpe les ramassa et les offrit à Biorret. Celui-ci les accepta, poussé par le désir de les lire, mais il n'eut pas un instant la pensée de se les approprier.

Vous vous souvenez, en effet, de la déposition de M. Hacquaire; ce témoin à charge, cité à la requête du Ministère public, nous a dit :

« Quelques jours avant l'entrée des troupes de Versailles, Biorret vint chez moi et me confia ces objets en me priant de les garder *pour les remettre à leur propriétaire*, si on pouvait le retrouver. »

Voici donc les faits tels qu'ils se sont passés. Est-il possible d'y trouver les éléments constitutifs du pillage en bande et à force ouverte?

Où est la force? Où est la bande? Où est même le pillage? . . . . . . . . . . . . . . . . . . . . . . . .

. . . . . . . . . . . . . . . . . . . . . . . . . . . . . .

Le fait reproché à mon client ne constitue même pas un vol simple qui puisse tomber sous le coup de l'article 401 du Code pénal.

Le premier élément de tout délit, l'intention frauduleuse, fait défaut ; Biorret n'a fait que déplacer, sans aucune intention de se les approprier, des objets dont le propriétaire était inconnu. Il a été établi par l'instruction et par les débats que mon client n'avait d'autre désir, d'autre intention que de découvrir le propriétaire et de lui faire remettre son bien. Il n'y a donc là aucune action coupable.

M. le Commissaire du Gouvernement nous disait dans son éloquent réquisitoire : « Pitié pour les honnêtes gens, sévérite pour les autres »; ce n'est pas même de la pitié que je vous demande pour Jean-Marie Biorret, c'est de la justice ! Le seul fait que vous puissiez retenir contre lui ne constitue pas même un délit et il est impossible que vous le frappiez de la peine d'un crime.

Vous condamnerez le frère aîné, malheureusement il ne peut être acquitté; mais quant à Jean-Marie, vous n'enlèverez pas à sa vieille mère, à sa sœur et aux quatre enfants de son frère celui qui demain sera leur dernier soutien!

---

## Me DURUFLÉ POUR LORRAIN.

Monsieur le Président, Messieurs du Conseil,

Au point où les débats en sont parvenus je serai très-bref.

Les considérations générales développées par mes honorables confrères s'appliquent essentiellement à mon client, dont la part de culpabilté est si minime, dont le rôle est si effacé dans le remarquable réquisitoire de M. le Commissaire du Gouvernement.

L'accusation, qui se place à un point de vue si élevé et partage les accusés en deux classes, l'une digne de toutes vos sévérités, l'autre de toute votre bienveillance, à peine effleure-t-elle la personnalité de celui que je viens défendre devant vous.

Un certain vague plane sur la partie du réquisitoire qui le concerne.

Il est accusé en quelques lignes et d'une manière générale, « d'avoir participé au pillage de denrées et effets de diver-« ses natures, en bande et à main armée, à Neuilly, au mois « de mai 1871. »

Ce n'est là qu'une formule. Rien n'est spécifié à son égard, ni le jour, ni l'heure, ni le lieu du délit.

Et pour cause.

En effet, Messieurs, quel est l'accusateur qui a fourni des preuves contre Lorrain, qui a dégagé du vague de l'accusation un fait précis et circonstancié contre lui ?

Son accusateur, hâtons-nous de le dire, son unique accusateur, c'est lui-même ; c'est à la sincérité de ses aveux qu'il doit de figurer pour la première fois de sa vie sur un banc d'accusés.

Vous avez entendu les dépositions des témoins qui ont rempli cinq audiences. Y en a-t-il un seul parmi eux qui ait articulé le moindre fait à la charge de Lorrain ? Tandis qu'ils ont reconnu les autres accusés, précisé les actes qu'ils les ont vu commettre.

J'en appelle à vos souvenirs, j'en appelle aux souvenirs de M. le Commissaire du Gouvernement... Vous voyez qu'il ne me contredit pas.

Et les accusés eux-mêmes qui cherchent à rejeter les uns sur les autres les responsabilités qui les concernent, accusent-ils davantage mon client ?

Il n'y en a qu'un seul, Migeon, qui ait prétendu, dans l'instruction, l'avoir vu porter un paquet à l'état-major. Je respecte le malheur de cet accusé ; si cette révélation qui d'ailleurs n'a rien de bien concluant contre nous peut lui être comptée comme circonstance atténuante, qu'il en profite ; nous lui pardonnons de bon cœur.

Quoi qu'il en soit, c'est la seule voix qui s'élève contre mon client en dehors de ses propres aveux.

En effet, Lorrain a été arrêté une première fois et interrogé dans une précédente instruction pour participation à l'insurrection parisienne, comme ayant été garde au 257e bataillon. Sur un rapport des plus favorables de M. le Commissaire de police (le défenseur donne lecture de ce rapport), une ordonnance de non-lieu a été rendue le 7 septembre 1871 et a prononcé sa mise en liberté après quelques mois de détention préventive.

Il fut arrêté de nouveau en 1872 comme ayant participé au pillage de Neuilly, et une nouvelle instruction s'ouvrit.

Certes, mon client avait beau jeu d'échapper à ces poursuites par une dénégation. Au point de vue de la religion, comme au point de vue de la loi, c'était son droit incontestable.

Il y aurait eu cette fois encore ordonnance de non-lieu. L'accusation ne s'appuyait d'aucune preuve. Les antécédents irréprochables de l'accusé, le précédent rapport de M. le Commissaire de police plaidaient victorieusement sa cause, et moi je n'aurais pas à vous supplier aujourd'hui de le rendre à sa femme et à ses enfants. Il vivrait à l'heure actuelle tranquillement au milieu d'eux.

Eh bien ! non ! le sentiment de la droiture et de la vérité l'a emporté chez lui et il a confessé sa faute.

Cet aveu, Messieurs, vous lui en accorderez tout le bénéfice. Vous n'y ajouterez rien, vous l'interpréterez au contraire dans le sens le plus favorable.

En principe, vous le savez, un aveu est indivisible, et *a fortiori* doit-il en être de même à raison des circonstances dont il se trouve accompagné.

(Le défenseur précise l'aveu de l'accusé, qui reconnaît avoir emporté huit chemises de femme trouvées par lui dans une maison inhabitée et pliées dans un paquet tout ouvert) et il continue en ces termes :

L'accusé s'est-il bien rendu compte de la mauvaise action qu'il commettait? Dans cette période de troubles et de confusion, le jugement de cet homme, qui n'a jamais connu les bienfaits de l'instruction, n'a-t-il pu s'égarer? Après des désastres se succédant avec une rapidité inouïe, au milieu des passions soulevées, des apparences fallacieuses qui en imposaient de tous côtés, les intelligences les plus fortes n'ont-elles pas elles-mêmes quelque peu faibli!

Ce malheureux qui, dans des temps réguliers, apercevait clairement où était le mal, et savait s'en garder, a-t-il toujours pu suivre dans cet affreux chaos la lumière naturelle qui jusque-là éclairait ses actions au point de vue du juste et de l'injuste!

Je n'insiste pas; vous le savez, non-seulement l'exemple entraîne, mais encore il trompe, il égare.

Eh bien! oui, quand tout était consommé, un jour qu'il passait devant une maison inhabitée, il voit un paquet abandonné.

Il était seul, et par conséquent, il ne faisait pas partie d'une bande; il n'avait point d'armes. Effectivement, Messieurs, l'instruction nous révèle que Lorrain était planton à l'état-major, c'est-à-dire chargé de faire les courses. Ce fut même une des causes pour lesquelles il a été renvoyé du chef de l'accusation relatif à l'insurrection.

Sous l'influence d'un mauvais raisonnement, cet homme s'est dit sans doute à lui-même : « Voilà qui serait perdu, « sinon pillé par d'autres. Autant que ma femme en profite. »

Car ce n'est certes pas pour en tirer un profit personnel ou pour les vendre qu'il emportait ces chemises de femme.

On peut donc croire qu'un bon mouvement de son cœur a aussi contribué pour quelque chose à égarer son esprit dans cette funeste action.

Mais, quand il fut de retour chez lui, la réflexion lui est bientôt revenue, le remords s'est emparé de son âme et il fut désespéré de s'être, pour la première fois de sa vie, laissé entraîner à un acte contraire à la probité. Sa raison se troubla de nouveau et, pour ne faire profiter personne du fruit de sa mauvaise action, il jeta au feu ce qu'il avait pris.

Loin de voir là une circonstance aggravante vous n'y verrez, au contraire, qu'un mouvement de repentir, de ce repentir qui a poussé un homme entraîné à confesser sa faute et à se livrer, sans défense, à la justice, alors qu'il pouvait si facilement s'y soustraire.

(Le défenseur examine ensuite l'aveu de l'accusé en ce qui concerne le châle. Ce châle, ce n'est pas lui qui s'en est emparé ; c'est un certain Rodolphe, accusé par contumace, qui aurait prié Lorrain de lui rendre le service de faire passer ce châle à la barrière, en trompant la vigilance des gardiens. Lorrain aurait refusé, mais craignant de s'attirer la vengence de Rodolphe en fermant l'oreille à toute proposition de sa part, il consentit à le laisser déposer le châle dans un placard de l'état-major. Le lendemain, Lorrain ne retrouva plus le châle et depuis ne revit plus Rodolphe. Ce n'est donc pas sur Lorrain que cette inculpation doit peser.)

J'en ai fini, Messieurs, avec la discussion relative à ces

objets dont la valeur matérielle est peu importante, et dont mon client s'engage à solder le prix par son travail, si votre sentence lui en fournit les moyens.

Je me résume sur ce point en disant que le préjudice matériel est bien minime ; que d'une façon ou d'une autre, il se serait également produit, et que si mon client a succombé dans un moment d'aberration, il a du moins racheté son erreur par un mouvement de repentir qui l'a fait entrer franchement dans la voie des aveux.

M. le Commissaire du Gouvernement vous engageait à tenir compte aux accusés de leurs révélations en ce qu'elles avaient aidé puissamment l'instruction, et je vois dans le dossier une sorte de reproche adressé à mon client de n'avoir dénoncé personne, étant plus à même qu'un autre de voir comment on agissait à l'état-major, à cause de son service de planton.

Vous n'oublierez pas, Messieurs, qu'à raison même de cet emploi, il était souvent en course, et que ceux qui apportaient à l'état-major le produit de leurs rapines cherchaient à se cacher surtout aux yeux d'un homme connu pour son honnêteté. Et d'ailleurs, cet homme sans instruction, sans méfiance, simple et crédule, prêtait-il attention à ce qui se passait autour de lui ? Il n'était nullement observateur, et c'est en toute sincérité qu'il a pu vous dire qu'il n'avait rien vu.

Au surplus, si c'est une circonstance atténuante de s'être porté le dénonciateur d'autrui, quelles circonstances atténuantes n'accorderez-vous pas à celui qui s'est dénoncé lui-même !

Est-il une dénonciation plus désintéressée, plus méritoire et plus belle ?

Elle présente à l'instruction les avantages de la dénonciation d'autrui sans lui offrir en même temps ce qu'elle a de répulsif même aux yeux de ceux qui en profitent.

Maintenant, Messieurs, qu'il ne me reste plus qu'à vous entretenir des antécédents de l'accusé, je sens augmenter la confiance que j'ai toujours eue dans le résultat de votre jugement.

Vous avez entendu à l'audience de lundi le témoin honorable qui est venu déposer en faveur de Lorrain. Je parle de Mme Lacroix, veuve d'un entrepreneur de bâtiments à Batignolles.

Ce n'est pas un de ces témoignages comme il y en a tant et dans lesquels on se contente d'affirmer que l'on a eu quelques relations d'affaires avec l'accusé et que l'on n'a jamais eu à se plaindre de lui.

Le témoignage que vous avez recuilli de la bouche de Mme Lacroix et sur lequel je viens de nouveau fixer votre attention, a une toute autre portée. Il émane d'une femme honorable dont la position de fortune est aisée.

Elle affirme que l'accusé est entre dès l'âge de treize ans au service de son mari, chez lequel il a fait son apprentissage de maçon et ne l'a quitté qu'à sa mort, arrivée en 1865. Elle affirme en outre que depuis, elle ne l'a pas perdu de vue, qu'elle répond de lui.

J'ajouterai, pour compléter ce témoignage et prendre les antécédents de l'accusé pour ainsi dire dès le berceau, que né à Courouvre (arrondissement Commercy), dont le département dépend d'une province qui a le malheur de ne plus appartenir entièrement à la France, il a été élevé par sa mère dans de bons principes, a toujours vécu près d'elle, exempt de ces habitudes d'intempérance malheureusement si répandues.

Voici un détail bien caractéristique que je tiens de l'accusé lui-même. Jusqu'à son mariage il venait chaque soir remettre à sa mère le prix du travail de sa journée.

Quand il s'est marié il a eu à sa charge son beau-père atteint de paralysie et a soutenu sa douloureuse existence pendant cinq années.

Telle est la réputation de bon et honnête ouvrier dont jouit celui que vous voyez sur ces bancs que l'entrepreneur chez lequel il travaillait en dernier lieu s'engage à le reprendre à son service dès qu'il sortira de prison.

(Le défenseur lit un certificat légalisé de M. Bulmé, entrepreneur de maçonnerie à Batignolles.)

Enfin, Messieurs, permettez-moi de placer de nouveau sous vos yeux le rapport de M. le Commissaire de police, qui s'accorde en tout point avec les témoignages précédents et qui en est pour ainsi le couronnement authentique. (Le défenseur donne lecture de ce rapport.)

Voilà ce qu'on peut appeler l'histoire de toute une vie racontée par des historiens digne de foi et placée sous les patronages les plus recommandables.

N'avais-je pas raison de vous dire en commençant que mon client n'avait d'accusateur ici que lui-même et qu'il lui eût suffi de prononcer un mot, une simple dénégation pour ne pas être assis sur ces bancs?

Aussi, Messieurs, vous oublierez un instant d'égarement

qui se perdra dans une vie entière de probité et d'honneur, votre indulgence voilera cette tâche.

Vous rendrez cet homme à son état qui le réclame, à sa femme, à ses enfants, à ces êtres chéris qui sont toute sa consolation après les fatigues de son pénible travail.

Ils attendent dans les angoisses, dans le dénûment peut-être le plus complet, que vous leur permettiez de revoir un époux, un père, celui qui les fait vivre et n'aime à vivre que pour eux.

**M. le Commissaire du gouvernement.** — Je n'ai pas voulu interrompre l'honorable défenseur, mais pendant qu'il parlait de l'accusé Migeon, j'ai vu ce dernier faire des signes de dénégation. Effectivement, Messieurs, Migeon n'a jamais incriminé Lorrain, et comme je tiens avant tout à rendre hommage à la vérité, je suis le premier à reconnaître que c'est une erreur involontaire de la part de M. le défenseur.

**M. Lefebvre-Duruflé.** — Permettez-moi, Messieurs, de remercier M. le Commissaire du Gouvernement de la rectification que vous venez d'entendre. Sans doute j'ai dû prendre une note inexacte ou une erreur de copiste a pu se glisser dans un document du dossier. Quoi qu'il en soit je me félicite d'une erreur qui me donne l'occasion de prendre acte d'une déclaration également favorable à deux accusés.

---

## Me NIOBET, POUR BAZYLE, MOULIN ET ORSI.

Monsieur le Président, Messieurs du Conseil,

Ce n'était pas sans une vive appréhension que je voyais, au fur et à mesure que les débats de cette triste affaire se déroulaient devant vous, approcher le moment où il me faudrait accomplir la mission qui m'avait été confiée.

J'ai à défendre trois accusés, et la tâche, vous le comprenez sans peine, pouvait me paraître au-dessus de mes forces ; aussi, ai-je éprouvé un véritable soulagement lorsque j'ai entendu les paroles relativement bienveillantes que M. le Commissaire du Gouvernement, dans son remarquable réquisitoire, a prononcées à l'égard de deux d'entre eux : Bazyle et Orsi ; il a singulièrement allégé et facilité ma tâche, et je veux, avant toutes choses, le remercier sincèrement, tant en mon nom qu'au nom de mes clients.

Je vais m'efforcer d'établir devant vous, Messieurs, et le plus brièvement qu'il me sera possible, la part de responsabilité qui doit incomber à chacun de mes clients, et je vous prie de m'accorder pour quelques instants toute votre bienveillante attention.

A tout seigneur, tout honneur, disait M. le Commissaire du Gouvernement, et parce que Bazyle était capitaine, je commencerai par Bazyle.

Bazyle, Messieurs, vous le savez, a trente-neuf ans, il est marié.

Engagé volontaire en 1862, au 83e régiment de ligne, il

a servi quatorze ans avec honneur; sous-officier en 1854, en 1856, il était sergent de voltigeurs; il est resté dix ans dans les compagnies d'élite.

En Algérie, pendant les années 1863, 1864 et 1865, il a pris part, durant cette dernière année, aux combats livrés par la colonne du général Périgot, et lors de la revue de Bougie, il avait l'insigne honneur de recevoir la médaille militaire des mains mêmes de Sa Majesté l'Empereur.

Libéré du service le 1er février 1866, il revient à Rouen, son pays natal, et il s'y marie.

Successivement employé aux écritures, chez MM. Elviering et Ce, fondeurs, deux des hommes les plus honorables de Rouen, puis chez M. Granchamps, directeur de « l'Anglo French Transit Company, » il fut, au mois de janvier 1870, envoyé par ce dernier à sa succursale de Paris et détaché au bureau de la gare des Batignolles.

Le siége arrive; il est nommé capitaine au 257e bataillon; il fait son devoir pendant la guerre et, dès l'armistice, sur la demande de son patron, qui l'atteste, il donne sa démission et reprend son service dans les bureaux de M. Grandchamps.

Jusque-là donc, Messieurs, pas une tache, pas même une ombre sur son passé. Soldat fidèle et vaillant, employé irréprochable, Bazyle était resté, dans toute l'acception du mot, un honnête homme.

Le 18 mars, de néfaste mémoire, arriva et avec lui la Commune, cette insurrection sans nom, sans précédent, qui a, pendant deux mois, ensanglanté, souillé Paris. Alors la situation change pour Bazyle et, plutôt victime que partisan de l'insurrection, il va peut-être voir flétrir à jamais une vie jusque-là honorable et honorée, comme le disait M. le Commissaire du Gouvernement.

Quelle était, en ce moment, la situation de l'accusé? Le représentant de sa maison, M. Bouson, quitte Paris le 14 avril, laissant Bazyle seul au chantier de la gare des Batignolles, encore plein de charbons, appartenant à M. Grandchamps. Où était le devoir pour lui? c'était, à coup sûr, de veiller au dépôt qui lui était confié, de sauvegarder, autant qu'il le pourrait, les intérêts de celui qui l'employait. Il l'a fait, malheureusement pour lui; il est resté à son poste, mais, jusqu'aux premiers jours de mai, étranger à tous les événements.

Pendant le premier siége, il avait eu le malheur d'avoir pour capitaine en second Gérardin, qui devint plus tard membre de ce pseudo-gouvernement qui s'est appelé la Commune. Gérardin le retrouva, lui enjoignit de marcher; il refusa; l'autre revint à la charge et, le menaçant cette fois d'arrestation, le contraignit à rejoindre son ancien bataillon.

Là, tout naturellement, il fut renommé capitaine; il l'avait été et ayant servi comme sous-officier, il pouvait être utile; il était donc, pour cent raisons, désigné à ce funeste honneur.

En ce qui concerne son rôle comme officier de la Commune, je ne dirai rien. Messieurs, à cet égard, je m'en rapporte à votre sagesse. Vous peserez dans vos consciences les circonstances qui l'ont amené là et vous apprécierez.

Mais ce que je veux écarter de la tête de Bazyle, c'est une condamnation comme pillard, comme voleur. Ah!

celle-là, Messieurs, il ne la mérite pas, vous ne la lui infligerez pas.

En réalité, qu'a-t-on trouvé chez lui? quelques objets provenant du pillage de Neuilly. Il l'a avoué : un petit tableau, deux flambeaux en bronze sans valeur. Dès le premier jour où il a été interrogé à cet égard par M. Razzi et par M. le Commissaire de police délégué, il a déclaré qu'il les possédait. Son aveu à cet égard a été tellement franc, tellement spontané, que M. le commissaire de police, le 3 août, n'a pas cru devoir le maintenir en état d'arrestation ; il l'a relâché, et ce n'est que quinze jours plus tard qu'il a été de nouveau arrêté, et cette fois on l'a gardé pendant neuf mois en prison préventive.

Mais ces objets eux-mêmes, l'instruction établit-elle d'une façon certaine qu'il les ait pris? établit-on qu'il a eu l'initiative criminelle, réfléchie ; qu'il ait eu conscience qu'il commettait un crime en les gardant? Non certes.

Voyons ce qu'il dit à cet égard : « Je suis allé, il est vrai, voir Biorret et autres dans une ou plusieurs maisons inhabitées, et j'ai décroché un petit tableau, mais j'affirme ne pas l'avoir emporté ; plus tard je l'ai retrouvé chez moi avec les deux flambeaux. »

Votre système n'est pas vrai, lui dit-on, et de plus, il est invraisemblable. Et en quoi, je vous prie? Je crois pour ma part très-fermement que Bazyle dit la vérité, et je vais vous dire comment, à mon sens, j'explique ce fait. Ce tableau, il l'a décroché, il a paru le trouver joli (il n'était pas difficile en fait d'art) mais on oublie qu'il y avait là Ysquierdo, ce pillard éhonté, ce bon génie de la bande, toujours prêt à prévenir les désirs des autres pour s'excuser ainsi vis-à-vis de lui-même de ne pas résister aux siens; Ysquierdo qui, il faut bien le dire parce que c'est la vérité, a été l'instigateur de tous ces faits de Neuilly; il a été fusillé depuis, c'est possible; mais il n'en garde pas moins la responsabilité. Eh bien, Ysquierdo le savait, le capitaine Bazyle avait admiré le tableau. Le résultat était fatal, inévitable, le tableau devait aller chez le capitaine Bazyle; il y est allé, porté par qui? Eh! mon Dieu, probablement par l'ordonnance du capitaine Bazyle, un pauvre garçon qui a été fusillé depuis, à raison peut-être, peut-être aussi sans être bien coupable: il en a été de même pour les flambeaux. Voilà le fait, Messieurs, dans toute sa simplicité.

Puis le triomphe de l'armée, puis le rétablissement de l'ordre, et alors que pouvait faire mon client? Restituer, mais à qui, il ne connaissait pas les propriétaires; dès qu'il a été interrogé il a déclaré ce qu'il possédait, et c'est cet homme qui serait frappé comme voleur, comme pillard! non, je ne veux pas insister, Messieurs, ce serait vous faire injure.

Messieurs, Bazyle sera puni par vous pour les faits insurrectionnels: je crains que vous ne puissiez pas faire autrement et, sous ce rapport, je ne puis qu'implorer votre indulgence, toute votre indulgence; mais en ce qui touche les faits de pillage, je m'adresse à votre justice et je vous demande avec confiance son acquittement.

Depuis son arrestation, il a déjà éprouvé une grande douleur, un véritable châtiment qu'il regarde, lui, comme une punition du ciel pour n'avoir pas plutôt sacrifié sa vie que de servir ces bandits: il avait une fille, une enfant de quelques années, eh bien, il l'a perdue; elle est morte loin de lui, sans qu'il puisse l'embrasser, lui dire un suprême adieu! Pour une âme restée honnête malgré tout comme la sienne, c'est une cruelle épreuve, croyez-moi, Messieurs, et tenez-lui en compte.

M. le Commissaire du Gouvernement paraissait vous ouvrir une porte à l'indulgence lorsqu'il vous disait : « Pou-« vez-vous lui laisser le signe de l'honneur, cette médaille « qu'il avait gagnée par d'honorables services ? je m'en « rapporte à votre sagesse. » A mon tour, Messieurs, je viens vous supplier en le frappant de ne pas effacer à tout jamais la trace de son passé irréprochable; faites la part dès circonstances, et en punissant en lui le capitaine des fédérés, mais le capitaine seulement, infligez la peine de telle sorte qu'il ne perde pas le droit de reprendre cet insigne d'un honneur que sa faute a terni peut-être un instant, mais qu'elle n'a pas complétement souillé. Par une conduite de nouveau irréprochable, il s'efforcera de justifier l'indulgence que vous aurez montrée à son égard, et je suis sûr que jamais dans sa vie future il ne perdra le souvenir de la leçon et de votre clémence.

Après le capitaine Bazyle, vient le sous-lieutenant porte-drapeau Moulin.

Celui-là, lui aussi, Messieurs, n'est pas indigne de votre intérêt; lui aussi, il a été militaire, il a servi avec honneur et fidélité; ainsi l'atteste son certificat de bonne conduite. Rentré dans la vie civile, il a toujours travaillé et toujours, jusqu'au siége au moins, son travail l'a fait vivre. Il est resté plusieurs années comme caissier à la Ménagère, jamais on n'a eu un reproche à lui faire : les directeurs de la Ménagère l'affirment dans une lettre que j'ai entre les mains.

Pendant le siége, il était lieutenant aux compagnies de marche du 257e bataillon. Vous avez entendu M. Montarlo, l'ancien chef de bataillon : « C'était un bon officier, il a fait son devoir. »

La Commune arrive, il a le tort, le tort immense de rester à son poste; mais il faut croire que dans le bataillon même on n'avait pas grande foi en ses opinions politiques, puisqu'il n'est pas réélu; cela prouve son peu de sympathie pour la Commune; pourtant, on le savait dans la gêne: toutes ses économies il les avait dépensées pendant le premier siége ; on ne voulut pas, lui un ancien officier, le renvoyer dans le rang, on le nomma directement sous-lieutenant porte-drapeau; néanmoins, il n'en a jamais porté, et en réalité il était adjoint au trésorier.

Il reconnaît avoir fait son service, avoir porté un uniforme, un sabre. Il a fait un bon pour un revolver qu'il n'a jamais touché. Je ne veux rien vous demander, Messieurs, qui soit contraire à la justice ; devant les faits insurrectionnels, je ne puis, comme pour Bazyle, que m'incliner et, réclamant seulement votre indulgence, m'en rapporter à votre sagesse.

Mais en ce qui concerne le pillage, est-ce que vous pourrez voir un pillard dans Moulin ? Est-ce qu'il a pris quelque chose ? Est-ce que personnellement il a profité en quoi que ce soit du pillage ? Non, de ce chef, il n'y a rien.

Tenez, Messieurs, il y a eu deux grands malheurs dans la vie de Moulin : il a été marié ; sa femme l'a trompé et abandonné : voilà le premier. Il a connu la fille Dellière ;

Cette fille Dellière, cette intéressante créature, comme on l'a si justement qualifiée à cette audience, qui, abusant de la confiance que Moulin avait en elle, le trompait aussi. Pour qui? Je ne veux pas rechercher le nombre de ses amants dans ce 257e bataillon, mais ils ont été nombreux, cela est certain. Eh bien ! les seuls objets provenant du pillage que Moulin ait eu un instant en sa possession, ce sont les quelques bijoux brisés que Weil lui a remis pour les donner à Henriette Dellière, à laquelle il les avait promis.

Moulin n'a été qu'un intermédiaire inconscient entre Weil, le cuirassier et sa maîtresse. Pauvre Moulin ! pauvre dupe ! Et encore ces bijoux, qu'il n'a vus que le lendemain, il les croyait en cuivre ou en doublé; la fille Dellière aussi, elle l'a déclaré dans l'instruction.

Mais, nous dit-on, vous accusez Weil parce qu'il est absent : pas du tout. Ce que Moulin dit aujourd'hui il l'a dit dès le premier jour, alors que Weil, lui aussi, était arrêté. Il a réclamé une confrontation, il n'a pu l'obtenir; et ce qu'il dit est si vrai, que l'honorable et habile magistrat qui a fait l'instruction, M. Lambert des Cilleuls, leur disait dans un interrogatoire : « Je ne veux pas étendre votre « culpabilité; il est certain que ces objets étaient destinés à « la fille Dellière, mais dites-moi d'où ils proviennent? »

Puis, quant à Weil, il faut s'entendre. Je veux bien qu'il soit commode d'accuser les absents; je veux qu'on n'ajoute pas grande foi à ces accusations. Mais alors ne vous servez pas de leurs dépositions contre nous; ne prenez pas ces dépositions, lorsqu'elles chargent ceux qui sont sur ces bancs; ne les repoussez pas, lorsqu'elles les déchargent. Or, lorsque ceux-ci se défendent, à chacun sa part de responsabilité. Celle des absents, c'est la vérité, est aussi lourde que celle de ceux qui sont devant vous.

Voilà la vérité, Messieurs, et j'avoue que j'ai été étonné lorsque j'ai entendu M. le Commissaire du Gouvernement reprocher à mon client d'avoir séparé sa cause de celle de sa maîtresse ; c'est vrai, mais moi, je ne puis lui en vouloir de n'avoir pas été chevaleresque dans cette circonstance. Eh quoi ! voilà un homme, une première fois trahi, abandonné par celle à qui il a donné son nom ; il rencontre une autre femme et croit trouver en elle ce qu'il n'a pas trouvé dans sa femme légitime ; il met en elle toute sa confiance, et, cette fois encore, il est indignement trompé, et il le sait à n'en pouvoir douter ; et vous voulez qu'il se sacrifie pour cette femme dont il a été le jouet ! vous voulez qu'il cherche à détourner de sa tête la responsabilité qu'elle doit encourir ! en un mot, vous voudriez que cet homme fût un vrai chevalier antique, un héros ! Ce serait fort beau, je l'avoue, mais ce n'est pas possible, et il ne faut pas demander plus à la nature humaine qu'elle ne peut donner.

J'en ai fini, Messieurs, avec la défense de Moulin, et je n'ai qu'un mot à ajouter : Moulin appartient à une excellente et honorable famille ; il a encore sa mère, elle a 86 ans ; il a un oncle, capitaine adjudant-major du premier Empire, blessé grièvement à Eylau et retraité depuis lors. Ces deux vieillards ignorent la captivité de leur fils, de leur neveu. Moulin n'a pas eu le courage de leur faire connaître sa situation, et n'osera peut-être pas leur apprendre sa condamnation, et c'est à moi, sans doute, que va incomber la pénible tâche d'instruire ces pauvres gens. Je vous en prie, Messieurs, soyez indulgents ; ne rendez pas ma mission trop lourde et faites que je n'aie pas à leur annoncer la nouvelle d'une condamnation infamante qui les tuerait peut-être.

Il ne me reste plus qu'à défendre Orsi ; et ici je dois le dire, je trouve de puissants auxiliaires, et c'est à peine si j'ai besoin d'insister. Vous avez entendu M. le Commissaire du Gouvernement qui vous disait : « Orsi a » fait beaucoup pour l'instruction ; il a montré un véritable « courage en s'exposant aux rancunes et à la haine de ses « co-accusés, et s'il n'a pas fait plus, c'est que son arres- « tation prématurée l'en a empêché. »

Vous avez entendu, Messieurs, et M. le conseiller Razzi et M. le Commissaire de police. Tous deux vous ont rendu le meilleur témoignage de l'accusé. Il a été un puisant auxiliaire de la justice ; vous lui en tiendrez compte, et dans une large mesure, car sur les faits de pillage vous l'acquitterez sans conteste, et vous vous montrerez cléments pour l'adjudant des fédérés.

Ai-je besoin, Messieurs, d'entrer dans le détail des faits ; ai-je besoin de vous parler de ces deux verres sans valeur laissés à l'état-major du 117e bataillon et apportés chez Orsi par Barré ; de cette paire de rideaux admiré par Orsi qui disait pourtant que ce n'était pas de rideaux qu'il aurait besoin, mais de chemises ; de cette paire de rideaux qui n'a jamais été chez Orsi, et qui, du reste, a été restituée par celui qui la détenait ?

Non, n'est-ce pas, cela n'est pas utile.

Vous parlerai-je davantage de ces deux petits tableaux qui ont été brûlés par la concierge de Barré, qui prétend que Orsi les a apportés pour la fille Dellière, tandis que mon client dit qu'il les apportait à Barré pour Ysquierdo qui venait de les lui remettre à l'instant près du square des Batignolles ? Qu'importe tout cela ! Ce qui reste établi c'est qu'Orsi n'a pris aucune part directe au pillage ; ce qui est certain, c'est qu'il a été le premier à aider la justice dans ses recherches ; c'est que, comme vous le disait le Commissaire, personne n'accusait Orsi jusqu'au jour où il a éclairé M. Razzi sur les faits et gestes du 257e bataillon. Je puis donc dire que rien de positif, rien de sérieux n'est relevé à sa charge et qu'au contraire on doit lui savoir gré du dévouement qu'il a montré.

J'ai presque terminé ma tâche, et il ne me reste plus qu'à vous présenter quelques observations sur la situation particulière d'Orsi. Des trois accusés que j'avais à defendre; Orsi est le seul qui ait un antécédent judiciaire, il a été condamné il y a plusieurs années déjà à trois mois d'emprisonnement pour usurpation de fonctions. Je dois vous expliquer les motifs de cette condamnation. Un jour, à la suite d'un dîner copieux fait avec un de ses amis, sergent-major de l'armée, proposé pour officier, il prit à ce dernier la fantaisie de se faire passer pour un agent des mœurs. Orsi ne voulut pas laisser briser la carrière de son ami ; il fut condamné seul, sans rien dire. Presque aussitôt, il fut gracié. Celui pour lequel il s'était dévoué, est mort capitaine au champ d'honneur pendant la guerre contre les Prussiens ; s'il vivait, c'est lui qui eût devant vous présenté la défense d'Orsi, et il l'eût fait, Messieurs, avec son cœur, avec une chaleur que je n'ai pu mettre dans ma plaidoierie. Mais vous vous souviendrez du fait, Messieurs, et j'ai l'espoir que son dévouement pour son ami, comme son dévouement pour les intérêts de la justice, vaudront à Orsi toute votre indulgence, toute votre justice.

J'ai fini, Messieurs, et je m'assieds plein de confiance dans le résultat de vos délibérations.

---

## Me CH. LEGRAND POUR BOUCHER ET GAMEL

Monsieur le Président, Messieurs du Conseil,

Je viens vous présenter la défense de Boucher. Lorsque j'ai accepté cette délicate mission, lorsque, pour la première fois, avant d'avoir pris connaissance de la procédure, je me suis trouvé en présence de mon client, j'ai été frappé de l'air d'honnêteté et de franchise de Boucher, et aujourd'hui, Messieurs, qu'arrivés les uns et les autres au terme de ces longs débats, il est enfin permis à la voix de la vérité et de la défense de se faire entendre, je suis heureux de voir que cette impression favorable, que j'avais ressentie, était naturelle, car elle était juste, et que je n'ai à défendre ici qu'un malheureux égaré, victime, comme tant d'autres, de ce mouvement insurrectionnel, et dont vous ne pouvez flétrir par une condamnation infamante le passé et les antécédents irréprochables, en le confondant avec ces hommes, que M. le Commissaire du Gouvernement, dans un langage énergique, qualifiait du titre de Pillards de Neuilly, avec ces hommes dont vous allez clouer à jamais, par votre juste verdict, les noms au pilori de l'histoire.

Messieurs, je serai aussi bref que possible ; la véritable et la seule défense à prononcer en faveur de mon client résulte des propres déclarations des témoins à charge, qui, venus en cette enceinte, rechercher sur ses bancs de véritables coupables et les désigner à votre justice, n'ont jamais prononcé le nom de Boucher que lorsqu'il y a eu une bonne action de commise ou un service de rendu à ces malheureuses victimes de Neuilly.

Permettez-moi, Messieurs, de vous retracer en quelques mots le passé et les antécédents de Boucher. C'est un ancien marin, appartenant à l'inscription maritime de Marseille ; à douze ans il était déjà à la mer, et à cette rude école, plus rude encore que la vie militaire, il a puisé dès son enfance cette force physique et morale, ces sentiments d'honnêteté, ces notions du bien et du mal, du tien et du mien dont il ne s'est jamais départi un instant, j'ose le dire, malgré l'accusation qui pèse en ce moment sur lui et qui ne peut l'atteindre.

Libéré du service après les campagnes de Crimée et d'Italie, arrivé à l'âge d'homme, Boucher vint à Paris comme journalier ; il s'y maria, et là, entre sa femme et sa mère veuve et infirme, ayant de la santé pour deux, il se mit courageusement au travail, et jusqu'à ces tristes événements, guerre étrangère et guerre civile, il gagnait honorablement sa vie, aussi bon ouvrier qu'il avait été autrefois bon soldat.

Un jour, le 13 août 1870, et c'est de ce jour, Messieurs, que datent tous les malheurs qui ont amené progressivement et fatalement cet homme sur le banc où vous le voyez en ce moment, la guerre venait d'être déclarée. La France, endormie et surprise, envahie de toutes parts mais non encore vaincue, adressait un suprême appel à tout ce qu'il y avait de forces vives dans le pays ; rappelé comme marin, ce jour-là Boucher confiait sa vieille mère à sa femme, ne sachant même pas ce qu'elles allaient devenir l'une et l'autre, ne voulant même pas y songer, et il partait pour Brest pour accomplir son devoir d'honnête homme et de citoyen.

De Brest il fut dirigé sur Cherbourg, où il appartint primitivement à ces bataillons de marche qui, formés avec soin au commencement de septembre, composés d'hommes d'élite, vinrent sous les murs de Paris ou confondus dans vos rangs, Messieurs, sous les ordres de vos chefs, ils se sont illustrés en concourant si vaillament avec l'armée à la défense nationale.

Moins heureux que ses camarades, Boucher, qui avait fait partie de ces bataillons à leur formation, fut obligé de les quitter, d'embarquer à bord de la *Gauloise*, et c'est ainsi qu'il prit part à cette longue croisière de la Baltique, entreprise au moment le plus défavorable de l'année, campagne restée peut-être sans résultats, mais du moins accomplie non sans fatigues et périls.

Le 13 mars, rendu enfin à la liberté, congédié, mon client reçoit sa feuille de route pour Paris, où il arrive le lendemain. A ce moment, Messieurs, quelle était la situation de Paris, la situation morale?

Après un long siége de cinq mois, après une résistance héroïquement malheureuse, Paris avait été amené fatalement à capituler non pas avec l'ennemi, mais avec la faim. A la surexcitation de la lutte, à l'enthousiasme soutenu au bruit du canon, le calme avait succédé et avec le calme l'affaissement en présence de l'immensité de nos malheurs. Chaque citoyen au moment du péril était devenu soldat, oublieux de ses affaires privées pour ne songer qu'à l'intérêt commun, depuis longtemps le travail avait cessé. Après l'armistice, alors qu'avec la confiance le travail aurait dû reprendre, les ateliers continuèrent à rester fermés, car dans les esprits régnait alors ce je ne sais quoi dont on ne pouvait se rendre compte en l'éprouvant, présage d'événements que chacun attendait sans pouvoir soupçonner dès le principe la gravité qu'ils comporteraient.

Et c'est dans un pareil moment, Messieurs, que ce malheureux arrive à Paris, sans ressources, à la recherche de ce travail auquel il est habitué, sans lequel il ne peut vivre lui et sa famille, à la recherche de ce travail qu'il a demandé de tous côtés, j'en ai la preuve entre les mains, et qu'il n'a pu trouver.

Si Boucher eût été seul, il ne fût pas resté, il fût parti n'importe comment, pour n'importe où, mais deux femmes! Les abandonner encore, leur faire partager de nouvelles fatigues, de nouvelles privations, les lancer avec lui dans l'inconnu; il ne le pouvait pas, il n'y a pas songé un instant, il est resté: voilà tout son crime! Puisque avec du travail il ne pouvait pas se procurer ce pain de chaque jour qui lui manquait, il a cherché de tous côtés à qui s'adresser. Il a vu cette garde nationale qui lui offrait tout ce qui manquait, tout ce que d'autres lui avaient refusé. Lui qui avait été étranger à tout ce qui s'était passé pendant le siége, lui qui naviguait alors que la garde nationale, celle qui devait être plus tard la garde prétorienne de la Commune, sentait le 31 octobre; lui qui n'était jamais entré dans un de ces clubs où l'on discutait déjà, et dès cette époque, sur la Commune, comme la meilleure forme de gouvernement, il y est allé, il s'est enrôlé dans cette garde nationale sans parti pris, sans arrière-pensée, non par opinion politique, mais par besoin, et ce jour-là il était perdu, puisqu'il devait en arriver, lui, honnête homme, dont les antécédents sont irréprochables, à se trouver enveloppé dans cette accusation honteuse de vols et de pillages, dont il est appelé aujourd'hui à se disculper devant vous.

Messieurs, si ce n'est pas le fait, mais l'intention criminelle que vous recherchez; si, pour vous prononcer, Messieurs, vous faites la part des circonstances, je suis plein de confiance en ce moment, car c'est bien innocemment, ignorant si je puis m'exprimer ainsi, tout ce qui avait servi de prologue, depuis le mois de septembre, à ce drame sanglant du 18 mars, que Boucher est allé, forcé par son âge et poussé par la nécessité, s'enrôler dans les bandes insurrectionnelles.

Le rôle qu'il a joué à ce 257e bataillon est un rôle modeste. Simple garde jusqu'au 6 mai, alors qu'il eût pu, avec ses trois campagnes de Crimée, d'Italie et de la Baltique, aspirer dès le principe à des honneurs qu'il n'a pas sollicités comme tant d'autres, pour prix de ses services, il a été nommé à cette époque seulement, et à l'élection, sergent, et sortait avec son bataillon, pour la première fois, le 10 mai, jour où ils allèrent occuper Neuilly abandonné depuis longtemps par ses habitants.

En arrivant, Boucher est mis de planton avec quelques hommes dans une maison inhabitée et qui servait déjà de poste au bataillon qui les avait précédés.

Ils y sont restés jusqu'à la fin. Quoique abandonnée, cette maison n'avait pas encore été pillée. Ysquierdo et le commandant Duprat y vinrent un jour, y firent plusieurs ballots des objets qu'elle contenait, la voiture d'ambulance devait venir les enlever.

Qui est-ce qui s'y est opposé? Qui a osé s'interposer contre la volonté toute-puissante du commandant? Un homme seul, un simple sergent, c'était Boucher, et pour avoir raison de son honnêteté, le commandant Duprat fut obligé, pour pouvoir piller à son aise, d'appeler un lieutenant et de le faire relever de garde.

Et voilà un homme qu'on vient accuser de vol, de complicité de pillage, lui qui, au contraire, osait blâmer publiquement ses chefs de commettre de tels actes!

Mais alors qu'a-t-il pris? Qu'a-t-il volé pour comparaître aujourd'hui sur ce banc, enveloppé avec ces hommes dans cette honteuse accusation?

Des serviettes de toilette qu'il a trouvées éparpillées dans le jardin et qu'il a distribuées à ses hommes. Une paire de bas d'enfant qu'il a donnée à Migeon, homme marié, père de cinq jeunes enfants, et auquel on ne saurait faire un crime de l'avoir acceptée, pas plus qu'on ne saurait faire un crime à mon client pour la lui avoir donnée. Enfin un boitier de montre en argent, qu'il tenait d'un nommé Scrève, ce qui a été parfaitement établi au cours de ces débats.

Ainsi, Messieurs, alors que les chefs donnaient l'exemple du vol en grand, faisant eux-mêmes leur choix, empaquetant eux-mêmes les objets les plus précieux et les plus rares ; alors que dans cette maison inhabitée on trouvait assez d'objets à voler pour en charger la voiture d'ambulance, Boucher ni les hommes de garde avec lui n'ont rien pris, quoique abandonnés à eux-mêmes pendant onze jours.

D'ailleurs ce n'est pas tout. Que vous a dit Mme David, ce témoin qui n'a quitté Neuilly qu'au dernier moment, qui par conséquent a beaucoup vu et qui est venu reconnaître sur ces bancs plusieurs des véritables coupables et les désigner à votre juste sévérité ? Mme David abandonne précipitamment sa maison, le danger était imminent, elle n'emporte rien avec elle. Quelques jours après, elle revient aux avant-postes, s'adresse à un homme, et, lui exposant sa situation, lui demande la permission d'aller jusque chez elle. Cet homme, avec trois de ses compagnons, l'accompagne ; à eux trois ils l'aident à rapporter les objets qu'elle avait été chercher, et au moment de se séparer, il lui promet de veiller sur sa maison. Cet homme, c'était encore le sergent Boucher, accusé aujourd'hui de participation au pillage de Neuilly, et vous savez, Messieurs, s'il a tenu religieusement sa promesse.

Vous avez entendu comme moi tout à l'heure la déposition de Mme David, le récit de ces événements auxquels elle avait assisté, et les sentiments de reconnaissance qu'elle exprimait en faveur de mon client qui, dans des temps malheureux pour elle, avait été son protecteur.

Messieurs, après de tels actes, après de tels témoignages, il est inutile je crois d'insister d'avantage, et si avant de terminer je crois devoir vous parler de l'arrestation de Boucher, c'est à cause des circonstances dans lesquelles elle a eu lieu.

Arrêté une première fois comme ayant appartenu au 257e bataillon, à la suite d'une perquisition minutieuse opérée chez lui et restée sans résultats, Boucher fut mis en liberté le lendemain. Au mois de décembre dernier, au cours de l'instruction de cette pénible affaire, alors que chaque jour un indice nouveau mettait sur la trace d'un de ces hommes ayant participé au pillage, mon client, sur la dénonciation de Migeon, fut arrêté de nouveau. Depuis cette époque, comme beaucoup d'autres, il attend patiemment le jour du jugement, espérant que ce sera aussi celui de la liberté et de la justice.

De cette grave accusation portée contre lui, à l'heure qu'il est, que reste-t-il? Rien! Ou plutôt si, Messieurs, il reste et pour toujours bien acquis, que c'est Boucher qui a empêché ses hommes de piller, que seul de ce bataillon il a osé résister aux ordres de Duprat et d'Ysquierdo; que c'est lui qui a protégé et sauvé du pillage la maison de Mme David; enfin, qu'il est marié, qu'il a une mère infirme dont il est le seul soutien, une mère qui, depuis l'ouverture de ces longs débats, arrive ici chaque matin pleine d'anxiété, le soir s'en retourne pleine d'espérance.

M. le Commissaire du Gouvernement, Messieurs, vous a demandé de l'indulgence en faveur de Boucher. Je vous demande plus, je vous demande son acquittement et je l'attends plein de confiance, car je sais que votre verdict ne sera jamais que l'expression de votre conscience, de l'impartialité et de la justice.

Il me reste maintenant, Messieurs, à vous présenter quelques observations en faveur de Gamel, dont vous avez bien voulu me confier la défense. Dans ce remarquable réquisitoire que nous avons entendu hier, et que nous eussions volontiers applaudi si le respect de cette enceinte et de la justice qui y siége ne nous eût imposé un religieux silence, M. le Commissaire du Gouvernement, en vous parlant de Gamel, s'exprimait ainsi :

« *Nous n'avons que des présomptions contre lui d'avoir* « *partagé les vols avec Bazyle*; *rien en dehors de cela*, *les* « *témoins à charge n'étant pas venus.* »

L'accusation étant ainsi formulée, la participation de Gamel au pillage de Neuilly n'étant que sa complicité avec Bazyle, cette complicité plus ou moins bien établie, ne repose, de l'aveu même de l'accusation que sur de simples présomptions. Ce sont ces présomptions que je vais examiner avec vous, Messieurs, pour rechercher si c'est sur des indices aussi incertains que vous pouvez condamner ce jeune homme avec la sévérité qu'on vous demande contre lui.

Que Bazyle ait pillé peu ou beaucoup, je n'ai pas à m'en occuper, je ne suis pas chargé de le défendre, et, heureusement pour moi, je n'ai pas besoin non plus de l'accuser pour arriver à disculper mon client; le seul fait relevé par l'accusation et pour lequel le nom de Gamel se trouve accolé à celui de Bazyle étant le vol de ce revolver sur lequel nous avons insisté si souvent, sur lequel nous avons recherché la vérité, et dont nous ne connaissons pas encore à l'heure qu'il est toutes les périgrinations. Et c'est ce revolver qu'on accuse Gamel d'avoir détourné! Évidemment, Messieurs, il y a erreur; si nous ne connaissons pas les différents détenteurs entre les mains desquels il a passé successivement jusqu'au 22 mai, du moins à partir de cette époque, si nous le voyons à la ceinture de Gamel, nous savons qui le lui a donné.

Le capitaine Bazyle nous dit l'accusation, un nommé Weil semble nous dire Gamel; pourtant il serait possible que ce fût Bazyle; les souvenirs de mon client se sont un peu effacés depuis près de treize mois que cet incident s'est produit. Qu'importe, d'ailleurs! que ce soit l'un ou l'autre, il n'en reste pas moins bien établi que si Gamel a eu ce revolver, il lui a été remis par un de ses compagnons, que ce n'est pas lui qui s'en est emparé et qu'il n'a été qu'un intermédiaire entre cet inconnu et Lieutaud, auquel il le remettait en effet le lendemain.

Et voilà, Messieurs, cette présomption de vol avec le capitaine Bazyle dont nous parle l'accusation. Où est-il le vol? où est-il le pillage? le recel? la complicité? Y a-t-il seulement l'intention criminelle? Un revolver! une arme de guerre que chacun avait à cette époque entre les mains!

L'accusation reconnaît elle-même l'absence de preuves et nous parle de présomptions. Messieurs, ce n'est pas sur de simples présomptions, surtout sur des présomptions aussi peu établies que celles qu'on vous fournit que vous pouvez condamner cet homme.

Messieurs, on vous a parlé aussi de Gamel comme ayant dissipé l'argent de sa compagnie. M. le Commissaire du Gouvernement a bien voulu l'abandonner sur ce chef, mais il n'en restera pas moins peut-être dans vos esprits une impression fâcheuse que je tiens à dissiper.

Quel est l'auteur de cette accusation? Est-ce un de ses compagnons? Certes, je crois qu'il est difficile de trouver de meilleurs juges de la conduite du fourrier Gamel que parmi ces hommes, et aujourd'hui qu'ils semblent assez disposés à se rejeter les uns sur les autres une responsabilité que personne ne veut accepter, aujourd'hui qu'ils s'accusent entre eux, personne n'a élevé la voix pour soutenir cette accusation. C'est un étranger, un marchand de vins qui s'est fait l'écho de cette calomnie. Quoique cité comme témoin par M. le Commissaire du Gouvernement, cet honorable industriel ne s'est pas présenté ; nous n'avons donc pas pu contrôler son témoignage ni les renseignements qu'il nous a fournis comme ancien propriétaire de mon client ; c'est à vous, Messieurs, de voir l'importance que vous pouvez attacher à la déposition d'un homme qui n'a pas osé venir ici la répéter de vive voix.

Quant aux faits insurrectionnels, je ne chercherai pas à les dissimuler, ils existent, mon client les avoue ; seulement, ce qu'il est permis, ce que vous devez faire, Messieurs, c'est de les atténuer, c'est de les réduire à ce qu'ils peuvent, à ce qu'ils doivent être.

Gamel a été sergent. Il a accepté, dit-on, ce grade de l'insurrection : Non, Messieurs, il n'a rien accepté. Ce grade il l'avait avant, il était déjà sergent sous la Défense nationale ; c'est avec ce grade qu'il assistait à la sortie de Noisy, et certes à ce moment personne ne songeait à le lui reprocher. Oui, Messieurs, il a eu tort de le conserver sous la Commune. Mais n'est-il pas excusable ? Il est jeune, inexpérimenté, il s'est trouvé seul à Paris au milieu de ce désordre général, il n'en a pas compris la gravité ; sans appui, sans travail, il a fait comme les autres, sans songer qu'un jour viendrait où on lui demanderait un terrible compte de sa conduite.

Moins heureux que ses compagnons qui passaient joyeusement le temps dans des bals et des orgies dont ils ne sortaient que pour aller mettre en lieu sûr les objets que vous voyez devant vous, Gamel était à un poste de garde près la barricade d'Inkermann. Il avoue avoir brûlé trois cartouches, Messieurs. Des aveux au repentir il n'y a pas loin. Son repentir est sincère ; il est jeune, il n'a pas d'antécédents judiciaires, c'est la première fois qu'il comparaît devant la justice ; lui aussi a une mère dont il est le seul soutien. Laissez-moi espérez, Messieurs, que vous acquitterez le voleur et que ne condamnant en lui que l'insurgé vous le traiterez avec la plus excessive indulgence.

---

## CONCLUSIONS PRÉSENTÉES PAR M^e LACHAUD POUR BIORRET

Plaise au Conseil,

Attendu que le 257e bataillon est arrivé à Neuilly le 10 mai 1871 ;

Attendu que si des vols ont été commis par les officiers et soldats du 257e bataillon dans les maisons de Neuilly, ils ont été commis individuellement, sans violence, sans réunion de personnes armées, sans résistance des habitants, qui étaient absents.

Attendu que ces faits devaient tomber non sous l'application de l'article 441, mais sous celle de l'article 401 du Code pénal ;

Par ces motifs :

Dire qu'il sera posé au Conseil la question suivante :

Question subsidiaire: Biorret est-il coupable d'avoir commis au préjudice de M. Razzi et autres restés inconnus des vols, larcins et filouteries ?

Et plus subsidiairement,

Attendu que si le Conseil croit que les vols ont été commis en bande, il y a lieu d'appliquer à Biorret l'article 441 du Code pénal,

Par ces motifs :

Dire qu'il sera posé au Conseil la question suivante :

Est-il constant que Biorret susnommé déclaré coupable

d'avoir commis un pillage de deniers, d'effets ou de propriétés mobilières en réunion à bande ou à force ouverte, a été entraîné par des provocations à prendre part à ces violences ?

Le 21 mai 1872.

*Signé :* Ch. LACHAUD,
*Avocat à la Cour de Paris.*

---

Voici l'analyse de quelques plaidoiries que nous n'avons pu nous procurer et par conséquent reproduire *in extenso.*

Après les conclusions qui précèdent, Me Lachaud présente la défense si difficile d'Alphonse Biorret, l'un des plus incriminés. — Pendant que la défense du commandant Duprat combat la responsabilité, dans l'intérêt de son client, Me Lachaud, dans le même but, non-seulement l'admet, mais la proclame hautement. Ces contradictions ne peuvent qu'être funestes aux accusés, et M. le Commissaire du Gouvernement ne manque pas de faire remarquer les divergences de ces théories. — Le défenseur parcourt les charges qui pèsent sur son client et s'attache à écarter celles qui peuvent entraîner les travaux forcés; il s'attache aux crimes politiques et combat le pillage.

**M[e] Noblet** présente la défense de Roger.

Il fait ressortir les bons antécédents, les témoignages favorables déposés en sa faveur et l'insignifiance des objets volés.

# RÉPLIQUE

## DU COMMISSAIRE DU GOUVERNEMENT.

Monsieur le Président, Messieurs du Conseil,

Encore sous le charme des éloquentes plaidoiries que nous venons d'entendre, je ne m'arrache qu'avec peine aux douces émotions qu'elles ont éveillées en moi, pour continuer ma pénible mission.

A ce point des débats, où en est la situation du procès? En face de moi, il n'y a plus que des innocents ou des égarés; où sont donc les coupables? Involontairement, je regarde le banc des témoins bien suspects à la défense, et je sonde ma propre conscience. Les plus incriminés à cette heure paraissent être M. Razzi, deux ou trois témoins à charge, le Commissaire de police délégué et moi, qui semble avoir imprudemment donné à ce procès d'aussi vastes proportions. Que s'est-il donc passé?

Je vais vous le dire, Messieurs, avec toute ma simplicité et ma loyauté de militaire.

Messieurs les avocats, vous êtes dix-huit au banc de la défense, tous jeunes, intelligents, instruits et éloquents;

vous êtes ainsi la plus pure image du caractère français avec ses qualités et ses défauts, dont le principal est une générosité exagérée qui nous a valu bien des mécomptes.

Votre parole éloquente et sympathique transforme si habilement l'accusation, enguirlande si bien le crime qu'elle l'affaiblit au point qu'on se demande, quand vous avez cessé de parler, si les accusés sont réellement coupables. Là est le danger, et je vous demande la permission de le signaler. Vous produisez pour les besoins de la défense des théories que vous ne reconnaissez pas intérieurement, j'en suis convaincu; théories idylliques, que je crois dangereuses, et qui, permettez-moi de vous le dire, vous rendent les complices inconscients d'une presse malsaine. Je veux parler de cette presse qui flatte continuellement le peuple, verse quotidiennement dans son sein le poison de ses funestes doctrines, et l'aveugle au point qu'il perd les notions du bien et du mal.

Une autre cause de cette situation est le point de vue sous lequel vous envisagez ce procès; vous en faites une question correctionnelle, alors que je l'élève à la hauteur d'une question sociale. Un abîme nous sépare donc, profond de la distance qui existe de l'individu à la société tout entière, de l'article 401 à l'article 440. Nous ne parlons plus le même langage; vous ne voyez ici que des individus coupables tout au plus de larcins de peu d'importance, alors que j'y vois la Commune tout entière, militairement organisée, avec ses ministres, ses généraux, ses colonels, ses bataillons et leurs cadres, envahir en armes tout un pays, distribuer des postes, placer des factionnaires, chasser les malheureux habitants et s'approprier leurs dépouilles.

Rétablissant ainsi la question, nous rendons au procès toute son importance; nous redevenons une juridiction exceptionnelle, jugeant des faits exceptionnels, que je qualifie crimes en raison des circonstances dans lesquelles ils ont été accomplis. Alors, fort de l'estime que vous m'avez accordée, je vous adresse une prière que vous écouterez et que vous exaucerez, j'en ai la certitude, pour l'honneur du barreau français.

Quittez le terrain que vous avez choisi ; suivez-moi dans les sphères plus élevées où je veux vous conduire, et ne nous exposez pas à perdre cette occasion unique de prouver que cette exécrable émeute du 18 mars n'a eu aucun caractère politique, et n'a été qu'un essai de liquidation sociale. — Retirez vos conclusions. Je vous le demande au nom de la vérité et pour l'honneur de notre France bien-aimée.

L'un de vous l'a éloquemment déclaré hier : tous ces procès sont la liquidation de la montrueuse faillite de notre honneur national.

Je me suis engagé à ne plus rentrer dans les faits particuliers du procès, et à ne discuter que la physionomie générale à lui donner. Qu'ai-je donc encore à vous dire? Quelques mots et c'est tout.

Dans vos chaleureux appels à l'indulgence du Conseil, vous vous êtes écrié : Jugez humainement les choses humaines, soyez cléments!

Et moi, Messieurs du Conseil, je vous en conjure aussi, soyez cléments, mais pour la société. Craignez qu'en étant trop indulgents pour ces coupables, vous ne vous montriez cruels envers elle.

Est-ce bien, en effet, le moment de la clémence? La Révolution a-t-elle désarmé? Non, chaque jour, nous lisons l'apologie des criminels qu'on a châtiés: nous voyons le Midi en feu et les honnêtes gens n'envisagent l'avenir qu'avec terreur.

D'ailleurs, la clémence a-t-elle jamais abouti? Depuis quatre-vingts ans, notre malheureuse patrie est sur un volcan dont les éruptions périodiques sèment partout le deuil et la misère; or, nous constatons tous le phénomène suivant, qu'à part celles que la mort a fauchées d'après les lois de la nature, les scories humaines qu'il vomit reparaissent à chaque éruption. Prenons la dernière; la plus terrible de toutes, car les ruines qu'elle a causées nous environnent de toutes parts : les conseils de guerre que les gens intéressés à le faire ont si vivement attaqués, ont, par excès de clémence, rejeté dans le cratère trente mille de ces scories auxquelles je viens de faire allusion. Eh bien, vous pouvez en avoir la certitude, à la première éruption, le volcan les vomira presque toutes de nouveau, ainsi qu'il l'a toujours fait.

Croyez-vous que ce soit par humanité que certains journaux, certains personnages politiques, prêchent la clémence et demandent l'amnistie? Oh! non, détrompez-vous; leur pensée secrète est de réserver des soldats pour la prochaine émeute. Soyons donc prudents, Messieurs, songeons à l'avenir.

Mon rôle dans ces tristes procès est achevé, Messieurs; avant de rentrer à mon régiment, j'ai voulu tout vous dire, j'ai été entièrement sincère et parfois osé. Excusez-moi, mes intentions sont pures, bienveillantes et surtout patriotiques.

Avant de m'asseoir, permettez-moi, Messieurs les défenseurs, de vous remercier de votre courtoisie et de l'attitude que vous avez eue dans ces débats, car c'est elle qui m'a permis d'accomplir sans trop d'encombre la difficile mission qui m'était confiée.

Je vous remercie aussi, Messieurs du Conseil, de votre bienveillante attention. Vous allez entrer dans votre salle des délibérations ; que Dieu vous inspire et vous donne la force nécessaire pour concilier la clémence avec les intérêts sacrés du pays.

---

## RÉPLIQUE DE Mᵉ DEMANGE AU NOM DE LA DÉFENSE.

Messieurs du Conseil, je ne veux pas décorer du nom de réplique les quelques observations que je viens vous présenter : la loi exige que l'accusé ait la parole le dernier. Au nom de la défense tout entière, je me lève pour faire entendre un dernier cri d'indulgence et de miséricorde. Je ne suivrai pas mon éminent contradicteur sur les hauteurs où il s'est placé ; je ne veux pas discuter de questions sociales. On nous a reproché un de ces jours derniers de transformer le prétoire en une arène législative. Ne pourrions-nous retourner la critique à notre habile adversaire, lorsque nous l'avons entendu vous demander de préserver la société des dangers qui la menacent; lorsqu'il vous a dit qu'il fallait faire aujourd'hui la liquidation de la faillite de notre honneur national, lorsqu'il s'écriait enfin dans un élan d'entraînante éloquence : « La Révolution n'a pas désarmé; quarante mille fédérés relâchés des pontons sont un péril vivant pour notre malheureux pays. C'est le salut de la France que nous vous confions. » Je ne suis pas de ceux, Messieurs, qui se rassurent facilement après la formidable insurrection dont vous avez triomphé; il y avait peut-être place pour deux mesures extraordinaires : le législateur pouvait, sans trahir les grands principes de justice, sans violer les sentiments de l'humanité, dicter une loi qui eût frappé indistinctement tous ceux qui avaient levé les armes contre la patrie déjà si cruellement atteinte. On ne l'a point fait, soit; chacun, a-t-on dit, sera jugé suivant ses œuvres. Contre chaque accusé il faudra légalement établir les preuves de sa culpabilité. Ce n'est pas moi qui m'élèverai contre ce langage digne et calme; au contraire, je vous le rappelle pour qu'il soit bien présent à votre conscience, à cette heure où vous allez rendre votre sentence. Dégagez vos esprits de toute préoccupation extérieure : si l'avenir est sombre vous n'avez pas le droit de le regarder. Chaque accusé vous doit compte de ses actes passés; appréciez-les comme il convient à des juges intègres que vous êtes. Oubliez les luttes de la veille et ne songez pas aux dangers du lendemain.

Me Demange examine ensuite rapidement la position de chacun des accusés qu'il a à défendre, puis il termine ainsi :

J'ai dit, Messieurs, mon dernier mot. Parmi tous ces malheureux qui sont là, sur le banc de l'infamie, il n'en est pas un seul qui n'ait subi la désastreuse influence des chefs de la Commune; on les a poussés au vol, comme on les a entraînés aux barricades. Où sont les misérables qui les ont perdus ? quelques-uns ont payé leurs crimes de la vie, la plupart vivent tranquillement à l'étranger; les petits, les humbles, les soldats de la Commune, ceux-là seuls sont jugés par vous; ils vous demandent pitié, ne la leur refusez pas.

Enfin, Messieurs les juges et vous Monsieur le Commissaire du gouvernement, laissez-moi, au nom de tous mes confrères, vous remercier une dernière fois de la bienveillance que vous nous avez témoignée pendant ces douze jours passés au milieu de vous

Nous attendons avec confiance votre impartiale et miséricordieuse justice.

---

# JUGEMENT

Au nom du peuple français,

Aujourd'hui 23 mai 1872, le 13e Conseil de guerre de la 1re division militaire, délibérant à huis clos, statuant d'abord sur les conclusions du défenseur des accusés Biorret, Alphonse-François-Clément; Barré, Paul-François; Mougès, César-Auguste-Antoine et la fille Corbel, Elise-Rosalie, *lesquelles tendent :*

1° A ce que les actes de pillage reprochés à ces quatre accusés soient considérés comme des vols simples punis par l'article 401 du Code pénal;

2° Subsidiairement à ce que si le Conseil reconnaît que les faits reprochés auxdits accusés constituent non un vol simple mais le pillage prévu par l'article 440, il y a lieu de leur appliquer l'article 441 du Code pénal;

Attendu que si, d'après une jurisprudence constante et entr'autres d'après un arrêt de la Cour de cassatien, en date du 23 janvier 1849, il est permis d'introduire dans les questions des modifications qui paraissent résulter des débats, c'est à condition qu'elle n'altèrent pas l'ordre de mise en jugement dans sa substance; que, substituer au crime de pillage commis en réunion ou bande et à force ouverte le délit de vol simple, serait complétement dénaturer l'ordre de mise en jugement; qu'en outre, il ne résulte en aucune façon des débats que les faits reprochés auxdits accusés doivent être changés ou modifiés;

Attendu qu'on ne pourrait statuer sur ces conclusions sans exprimer son appréciation sur les faits qui constituent le fonds du procès,

Par ces motifs:

Le Conseil: Ouï M. le Commissaire du Gouvernement en ses conclusions et les voix recueillies conformément à la loi,

Rejette à l'unanimité des voix la première partie des conclusions de M. le défenseur.

Attendu d'autre part que la deuxième partie desdites conclusions a pour but de proposer pour excuse en faveur de ces accusés un effet admis comme tel par la loi, celui d'avoir été provoqués et sollicités à commettre, ainsi que le prévoit l'article 441, le crime prévu par l'article 440 du Code pénal;

Par ces motifs:

Le Conseil: Ouï M. le Commissaire du Gouvernement en ses conclusions,

Décide à l'unanimité que, conformément aux prescriptions de l'article 339 du Code d'instruction criminelle, il sera donné suite à la demande formulée dans la deuxième partie des conclusions de MM. les défenseurs Lachaud et Demange et que la question d'avoir été entraîné par les provocations ou sollicitations à prendre part au crime de pillage sera posée non-seulement pour les quatre accusés en question, mais encore pour tous ceux auxquels l'article 441 semble pouvoir être appliqué.

En conséquence, le Conseil joint l'incident au fond et passe au jugement sur les faits de la cause, conformément à l'article 123 du Code de justice militaire.

Le Conseil repousse les conclusions des défenseurs et écarte les faits d'insurrection, ne statuant, conformément aux conclusions de M. le Commissaire du Gouvernement, que sur les faits de pillage,

Condamne :

1° Le nommé **Duprat**, Pierre-Ernest, employé au chemin de fer de l'Ouest, ex-chef de bataillon au 257e fédéré, à la peine de cinq ans de travaux forcés, à la dégradation civique et à 3,000 francs d'amende ;

2° Le nommé **Biorret**, Alphonse-François-Clément, employé de commerce, ex-sergent-major au 257e bataillon fédéré, à la peine de quinze ans de travaux forcés, à la dégradation civique et à 3,000 francs d'amende ;

3° Le nommé **Barré**, Paul-François, tailleur, ex-sous-aide major au 257e bataillon fédéré, à la peine de dix ans de travaux forcés, à la dégradation civique et à 3,000 francs d'amende ;

4° Le nommé **Roger**, Alexis-Eusèbe, mécanicien-dentiste, ex chirugien-aide-major au 257e bataillon fédéré, à la peine d'un an de prison et cinq ans de surveillance de la haute police ;

5° Le nommé **Monneau**, Denis-Jules, serrurier, capitaine

au 257e bataillon fédéré, à la peine de huit ans de réclusion et à la dégradation civique ;

6° Le nommé **Bazile**, Victor-François, employé de commerce, capitaine au 257e bataillon fédéré, à la peine de cinq ans de réclusion et à la dégradation civique ;

7° Le nommé **Moulin**, Eugène-Joseph-Benjamin, comptable, ex-sous-lieutenant porte-drapeau au 257e bataillon fédéré, à la peine de cinq ans de travaux forcés, à la dégradation civique, et à 3,000 francs d'amende ;

8° Le nommé **Boucher**, Athanase-Jules-Léonard, marin de 1re classe, ex-sergent au 257e bataillon fédéré, à la peine de un an de prison et cinq ans de surveillance de la haute police;

9° Le nommé **Chabry**, Jules, caissier, sergent-fourrier au 257e bataillon fédéré, à la peine de cinq ans de prison et dix ans de surveillance :

10° Le nommé **Orsi**, Joseph-Adolphe, chaudronnier, ex adjudant au 257e bataillon fédéré, à la peine de un an de prison et cinq ans de surveillance de la haute police ;

11° Le nommé **Lieutaud**, Edouard-François-Joseph, employé de commerce, ex-sergent-major au 257e bataillon fédéré, à la peine de un an de prison et cinq ans de surveillance ;

12° Le nommé **Gamel**, Pascal-Marius, chapelier, sergent au 257e bataillon fédéré, à trois ans de prison et cinq ans de surveillance de la haute police ;

13° Le nommé **Desdoets**, Jean-Baptiste-Marie, jardinier,

ex-sous-lieutenant au 257e bataillon fédéré, à la peine de cinq ans de réclusion et à la dégradation civique;

14° Le nommé **Defaux,** Jules-Louis, gantier, ex-fourrier au 257e fédéré, à la peine de trois ans de prison et cinq ans de surveillance;

15° Le nommé **Biorret,** Jean-Marie dit Henri, employé de commerce, ex-garde au 257e bataillon fédéré, à la peine de deux ans de prison et cinq ans de surveillance;

16° Le nommé **Lecardi,** Jacques, maçon, ex-garde au 257e bataillon fédéré, à la peine de deux ans de prison et cinq ans de surveillance de la haute police.

17° Le nommé **Lorrain,** Jean-Emile, maçon, ex-garde au 257e bataillon fédéré, à un an de prison et cinq ans de surveillance;

18° Le nommé **Migeon,** Prosper-Charles, couvreur, ex-garde au 257e bataillon fédéré, à cinq ans de réclusion et à la dégradation civique;

19° Le nommé **Perrin,** Paul-Charles-Léon, tapissier, ex-garde au 257e bataillon fédéré, à deux ans de prison et cinq ans de surveillance de la haute police.

20e Le nommé **Poujet,** Joseph-Marie, journalier, ex-garde au 257e bataillon, à cinq ans de réclusion et à la dégradation civique;

21° Le nommé **René,** Jules-Louis, maçon, ex-garde au 257e bataillon, à cinq ans de prison, et cinq ans de surveillance

22e Le nommé **Rodolphe,** Joseph-Edouard, maçon, ex-garde au 257e, à cinq ans de réclusion et à la dégradation civique ;

23° Le nommé **Malcher**, Louis, fabricant de bijoux de deuil, ex-capitaine adjudant-major au 117e fédéré, à cinq ans de réclusion et à la dégradation civique ;

24° Le nommé **Vernot**, Jean-Pierre, cocher, ex-garde au 257e bataillon, à un an de prison et cinq ans de surveillance ;

25° La nommée Dellière, Henriette, couturière, à deux ans de prison et cinq ans de surveillance ;

26° La nommée **Corbet**, Elise-Rosalie, couturière, à deux ans de prison et cinq ans de surveillance.

Le Conseil ordonne que le nommé **Lavigne**, Charles, égoutier, ex-garde au 257e bataillon sera placé dans une maison de correction, jusqu'au 1er juin 1875, époque de sa majorité ;

Acquitte les nommés : 1° **Mougès** ; 2° **Besson**, Ernest-Eugène ; 3° **Hue**, Edmond-Jean-Michel, 4° et la femme **Duprat**, Aimée-Catherine-Louise ;

Et condamne par contumace à la peine de la déportation dans une enceinte fortifiée et à la dégradation civique les nommés : 1° **Entremont** ; 2° **Rodolphe**, Mathias ; 3° **Cornet**, Louis-Alphonse ; 4° **Dalivilliers** ; 5° **Lemoine**, 6° **Weil**, Edouard, dit *le Cuirassier* ; 7° **Mauduit**, Ernest-Armand, et 8° **Bernard**, Sylvain ;

Les nommées **Ballot**, Augustine (fille) et **Cornet**, Octavie (fille), à la peine de vingt ans de travaux forcés; à la dégradation civique et 3,000 francs d'amende chacune.

Le Conseil fixe à deux ans la durée de la contrainte par corps pour tous les individus dont la condamnation est relatée ci-dessus; et les condamne, en outre, solidairement aux frais envers l'État; lesdits frais se montant à 24,036 fr. 25 c., y compris les amendes qui s'élèvent à 22,000 francs.

Le Conseil ordonne, en outre, que les effets déposés à la salle des séances et au greffe, comme pièces de conviction, et dont l'énumération se trouve au procès-verbal de description dressé par le greffier, seront rendus à leurs légitimes propriétaires, après les délais fixés par le recours en révision.

---

Paris, imprimerie Paul Dupont, rue J.-J.-Rousseau, 41. (3094.8.72·

# CROQUIS DE NEUILLY.

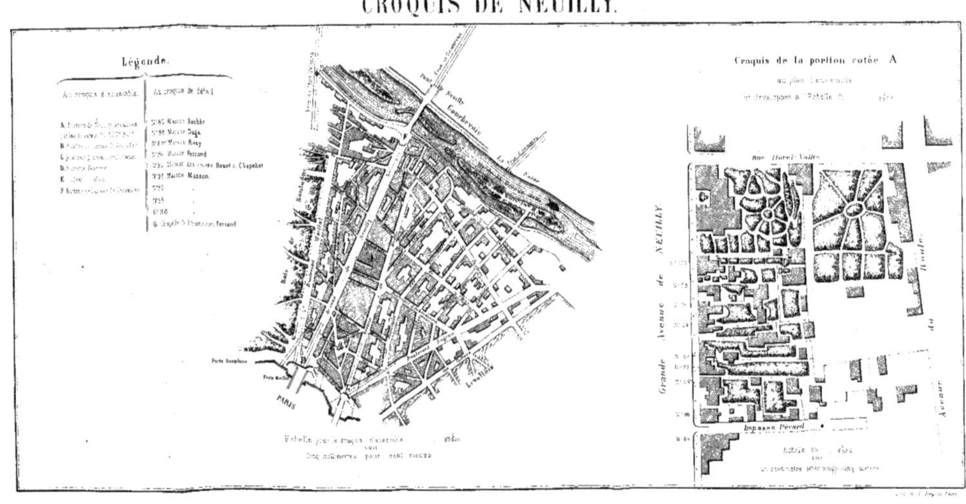

www.ingramcontent.com/pod-product-compliance
Ingram Content Group UK Ltd.
Pitfield, Milton Keynes, MK11 3LW, UK
UKHW012211240726
13966UKWH00002B/705